ジャン=リュック・ナンシー
メランベルジェ眞紀 訳

アドラシオン

キリスト教的西洋の脱構築

Jean-Luc Nancy

L'Adoration

Déconstruction de l'Occident chrétien

新評論

日本語版のための序文

1

本書の副題は、日本語版の出版に際し、著者と訳者の完全な合意のもとで変更されることになった。訳者も、ヨーロッパとくにフランス文化に親しんだ日本人として、副題が示す争点を誰よりもよく感知する立場に置かれていたからである。『キリスト教の脱構築』というのが二〇〇五年に発表されすでに邦訳もある『脱閉域』の副題であり、本書『アドラシオン』はその二巻めとして刊行された。しかしながら、この二巻本は長い時間を経て徐々に構成されていき、生成の過程でその意図や方向性が変化していくことになった[1]。したがって、日本の読者のためだけでなく、本来は西洋の読者に対しても、今となっては副題《サブタイトル》（副題というより、もはや付加-題《サータイトル》だろうか）を次のように変更すべきなのだろう。すなわち『キリスト教の脱構築』から『キリスト教的西洋の脱構築 *Déconstruction de l'Occident chrétien*』へと。

というのもこれまでの副題では、本書の対象がある宗教〔つまりキリスト教〕そのものであり、そしてそれがユダヤ教、イスラム教、神道、ヒンズー教、仏教あるいは「アニミズム」といった他の宗教形態とは異なるとされるその特性に於いて考察される、と理解されてしまいかねない。ちなみにここではもっともよく知られた宗教名を挙げたが、それらのいずれも、はっきり他から区別された形で統一された事象を明確に示す用語というわけではない（またここで挙げたような形態あるいは名称を包摂しうる十分に明確な「宗教」なるものの概念をわれわれが有しているかも自明ではないのだが）(2)。「宗教 religion」という語は、そのもっとも確かとされるラテン語の語源に従えば、単なる慣習的なものの（たとえば礼儀や作法や礼節に関わる）規則の遵守ではなく、儀式的な特徴を持つ戒律の実践を表していたが、だとすればまさにキリスト教はその定義には完全には当てはまらないということになる。マルセル・ゴーシェの著作にもあるように、「キリスト教は宗教から脱出する宗教」なのだ(3)。

そのことはまた次のように言い換えることができる。すなわち、キリスト教はそのもののうちに自らの脱構築を有している、と。だがそれは同時に別の特徴とも分ちがたく結びついていた。それはキリスト教は西洋文明の発展の中心であったということである。一方に「西洋」があり、他方に「キリスト教」があるのではない。西洋というものがキリスト教より七世紀早く古代ギリシャ人のもとで始まったのだとしても、それがもっとも力強い躍進を見せたのは（そして地中海沿岸のみでなくヨーロッパになったのは）、キリスト教が出現した時期なのである。

その出現はギリシャ‐ラテン文化の根本的な変革と連関していた。そこではその文化が、自身ですでに開いていた空間に於いてもう自らを維持できなくなっているかのような事態が生じていた。その空間とは全くあらたな空間、つまりそれ以前の神権政治帝国や農耕共同体のようにぶれることのない正確な意味の軸に基づいた秩序の空間ではなく、その範囲がつねに拡大し続け、その拡張のうちにあらゆる種類の民族的、文化的、政治的そして宗教的なまとまりや観念的存在を取り込み同化していくような空間である。そのような広がりは、それまでの「王国」や「領土」に対し、初めて「世界」と呼びうるようなものを形成していた。ある意味で、それは初の「世界化」、すなわち、習俗や意味作用を共有する共同体への帰属によってというよりむしろ、法や行政や交易の諸規則による統合だったのである。

キリスト教とはまず、そのような世界に出現した不安あるいは配慮／気遣いの扇動者、というよりはむしろその産物であった。その配慮とは、多様な指向性を持ち明確な帰属を欠いているようなその空間のうちに、何らかの指針を見出し方向性をもたらそうということである。キリスト教がそこにもたらした回答は、ユダヤ教の中で生まれた思考や感性を洗練することで、今ある世界とは別の「もうひとつの世界」を真理として示すということであった。この世〔現世〕とはその真理の待望あるいは前兆にすぎないのである。この「別の世界〔来世〕」によって、そして神的なものの徴を有するあらゆるものの彼方へと無限に退隠する神によって、キリスト教がはっきり示したのは、人間——全ての人間——は、この世を出発点として彼方へと接近することを運命付けられている〔destination そこに向かって送り出されている〕ということでもあった。

逆説的ではあるが——そしてこの逆説によっておそらく西洋は構造化されているのだろうが——この世を出発点として別の世界へ向かうということは、この世である**にもかかわらず**ということと、この世

を用いてということの両方を意味している。つまりこの世を別の世界へと向けながら、この世界を渡っていかなければならないということである。それはまた、この世に於いて来世の栄光が讃えられなければならないが、それは人間のなす業によってと**同時に**神の恩寵に対する人間の信頼によってなされるということである。そしてその信頼とは実は、神の恩寵から生じた人間の権能へのいや増す信頼だったのだ。ヨーロッパ人は自らを「自然の主人にして所有者」と考えるようになり、その支配力に比するなら「来世」に於ける自らの霊の運命など二の次（ひいてはどうでもいいこと）になった。言い換えれば、この世こそが唯一の世界、諸原理と諸目的の発展の唯一の空間となったということであり、そしてそのことがまさに「人間中心主義《ヒューマニズム》」と名付けられたのである。

　人間中心主義は地球全体を席巻したがそれは、自律的な知（科学）とそれによって可能となった技術のあらゆる力によってであり、そしてまた、第二の自然として実現される人間性の完全な形成へと向かうという、逆らい得ない前進を前にしての満足感によってであった。「グローバル化」と呼ばれるものはルネサンスの時代には始まっていた。そしてそれは、幾つかの大きな段階を経て強化拡大され、その継起は連鎖しひとつの歴史すなわち連続するプロセスとなった。その歴史というプロセスは、自らの発展を生み出すものであり、また自分自身に対し自らを**進歩**として示す。すなわち完成へと向かう前進、第二の自然あるいは「完全な人間」の生成へと向かう前進として示すのである。

2

この運動のうちで、キリスト教の酵母ともいうべきものは宗教としては消滅に向かう。というのも、現世が合理的で理性的な人間の国／支配となる以上、もうひとつの「国」〔神の国／支配〕に関わる必要はもはやなかったからである。しかし同時に、世界の一部あるいは極としての、そして人間中心主義的メッセージの担い手としての西洋というものも消えていく。以後は、経済の効率的計算、エネルギーのさまざまな利用、そして「民主主義」の名のもとに集められる道徳的かつ法的な幾つかの基準といったかたちで、西洋は世界中に遍在することになるのである。もはや「西洋」は存在しない。そして日本というのは、自発的でかつ断固とした「西洋化」をもっとも顕著なかたちで実現した例である。しかもそこでは進歩の追求と、文化とも宗教ともつかないしきたりの遵守の維持を両立させることが可能だったのだ。かつて「西洋」であり今や「世界的」あるいは「グローバル」になったものと、グローバル化できない文化や風俗とのこのような同席あるいは近接はかつては見られなかった現象であり、その成り行きは予見することができない。

このようなあらたな結びつきはひょっとしたら、グローバル化の軌道を変更させることに一役買うかもしれない。あるいはグローバル化の方がその際限のない拡張のうちに全てを呑み込むということもありうるだろう。しかし同時にもうひとつ別の現象が生じている。それは西洋‐グローバル的論理の内部から、不安が高まっているということである。すなわち恒常的で普遍的な効力という自らの前提が問いに付されているのだ。その論理はもはや、古典主義時代やその後人間中心主義が文明の期待に応えられると考えられていた時期に於いてのようには、確実なものとは思えなくなった。「人間は人間を無限に乗り越える」*というパスカルのことばは今日、執拗なまでに反響している。そのことばによって、西洋の近代の当初から、次のような警鐘が鳴り響いていたとも言えるのだ。すなわち合理主義、人間中心主義そして普遍主義といった西洋の大いなる「単一を希求する論理」に、そのような無限の自己超越が可能なのだろうか、と。

もっと後になって、ニーチェは「超人」の思想を語った（周知のようにその思想は国家社会主義によって野蛮極まりないやり方で利用されたのだが）。さらに後にはメルロ＝ポンティが、人間性の全体的真理を自己肯定したことから生じた「テロル」を前にしたときに「ヒューマニズム」が持ちうる意味について問いを発した。このような想起（非常に省略されたものではあるが）によって示されるひとつの動き――動揺、不安、問いかけ――は、ハイデガーやデリダに次いで「脱構築」という語を用いるべきものであろう。この語は哲学の一方法論や、ましてひとつの哲学の名として据え置かれるべきものではない。脱構築とは、かつて「西洋のもの」「西洋的」であった思想を決定付けるひとつの運動、つまり自らの確証が揺らぎ、それを内側から問いに付す動きを名付ける語なのだ。

西洋はその論理的で普遍的で自己充足的な一枚岩的体質によって特徴付けることができるという考えがときに見受けられる。それは西洋の（ヨーロッパ流あるいはアメリカ流といった幾つかのバリエーションがあるが）ある種のイデオロギーによって培われてきた自己愛的なイメージである。しかしそのイメージは、「西洋」の近代の文化や思想の歴史を通じて見出されるようになる複雑さや不安とは何の関わりもない。そのような不安が感知されるようになるのはカントからかもしれない。それはつまり「啓蒙思想」の頂点に於いてその最初の揺らぎが感じられるということである。だがニーチェやフロイトやハイデガー以降、憂慮はもはや潜在的なものではなくなり、不安は顕著になり、問いかけそのものが主題化されるようになったのである。

3

「脱構築」を語ることは、たとえば「存在」「人間」「歴史」「科学」といったものの既定の意味を再び問い直すことにつながる。脱構築とは破壊することではなく、ある構築を分解しその構造や序列や暗部を研究することである。そうやってハイデガーは、実体としての「存在」に基づいて思考することをやめ、「存在する」という動詞のみを検討するよう促した。またデリダやドゥルーズは、それぞれ固有のやり方で、「差異」というモチーフを動員して複雑化し、所与の項のあいだの区別を見るのではなく、そこに変位が生じるダイナミズムを考察しようとしたのである。

＊**「人間は人間を無限に乗り越える」** パスカル『パンセ』断章434。ナンシーによれば、このことばは「近代」の端緒を開くものであった。

キリスト教が西洋の形而上学の構成上まさに決定的な契機となったのであれば、その非常に強固な哲学‐神学的構築物が包括しているものを問うことは時宜を得ていると言えよう。その問いによって、「西洋」が自身に対して隠蔽してしまったその特徴や変化をもたらす酵母のようなものを、その構造のうちに、その構造に逆らってでも、識別するべきなのだ。そうすることで、「唯一神」というのは結局のところ神でもなければ唯一のものでもなく、ニーチェが「神の死」と名付けたところのものを思考し始めるひとつの様態であることを明らかにすることができるかもしれない。そしてそれは、のちにバタイユが「無神学」として示そうとしたものでもある。

この二人の思想家の時代以降、このような探求が数々開かれたが、しかしそれらは今も剝き出しの作業現場のままなのだ。本書ではこの現場での作業を継続しようと思う。それこそが、「西洋」のうちで今も残っているものを、西洋自体が呼び起こし、以来後戻りできないかたちで西洋を拘束している問いかけ **mise en qustion** へと露呈させる唯一の方法なのだから。そしてそれはまた、当然のことながら、今や至るところを支配しているかのような技術《テクノ》‐人間中心主義の文明を、西洋の歴史には帰属していないが今やその文明と接している諸文化との比較照合へと露呈させる唯一の方法でもあるのだ。

ある期間「西洋」は、アフリカやアジアや南米や環太平洋地域で集めたさまざまな意味の形態を自らのうちに取り込み同化することができると思い込んだ。このように我がものにしたいという欲望自体がすでに、欠如があって満たされない思いや、何かに頼ろうとする必要性を露わに示していた。しかしそのような取り込みによっては、マルクーゼが「一次元的人間」*と呼んでいたものの増大という状況は何ら変更されなかった。

今ではむしろ逆に、われわれに共通の文明そしてその明らかな野蛮にとって重要なのは、そこに於いてそのような一次元的人間を作り出したものを排出できる——もし可能であれば——ようになることなのだ。「西洋」は自らに対しそれを問いかけ、そしてグローバル化した世界中に対し、あらゆる文化——あるいはその残余——が必要性を感じている努力をめざし協力を呼びかけなければならない。

なぜなら、結局のところ、「西洋」は自身から生じたわけではないのだ。西洋は西洋自身より古いあるプロセスによって生み出され、そしてそのプロセスの持続期間も地理的広がりも限定することはできない。ある時代を起点に、技術的、文化的、人類学的変化が、地中海盆地の東側に生じ始めた。われわれには、そこでの人々やノウハウやさまざまな形態や力関係の動き・交換・移動をたどり直すことはできないが、それらは徐々に断絶の段階へと至り、そこから二〇世紀以上に亘る世界のあらたな流れが生まれることになった。そこにはいかなるプログラムも先行せず、決定権を有する者のいかなる介入もなかった。いずれにせよ西洋の特性は、地球上のたくさんの「他処《よそ》」からやって来た物質や息吹によって育まれたのである。そしてまたそのようなものによって今日、西洋が自らから離れようとしているうちに、これまでと違う別の「他処」、別の出会い、別の移動、別のかたちの世界へと向かう別の道が開かれるかもしれない。

＊一次元的人間　高度に産業化され、あらゆるものが管理され消費される社会に埋没し、批判的思考ができなくなっている現代人を指す。ヘルベルト・マルクーゼ『一次元的人間——先進産業社会におけるイデオロギーの研究』生松敬三・三沢謙一訳、河出書房新社、一九八〇を参照。

キリスト教そしてヨーロッパの伝統から「アドラシオン」という語を――その意味、その全ての意味《サンス》〔sens 意味、感覚、方向〕、開かれていて充たされることのないその意味生成とともに――取り上げることで私は、その伝統に由来しながらその伝統を決定的に超過してしまう――実はその誕生のときからすでに超過していた――反響を聞き取ってもらいたいと願っている。そしてそれはその超過に於いて、他のさまざまな伝統ならびにそれらの伝統の別のかたちでの断絶、別のかたちでの解体(4)から到来する別の音と共鳴するかもしれないのだ。

この「アドラシオン」という語の翻訳ひとつを取ってみても、そこには固有の困難さがあるのと同時に、複数の言語の中で複数の語の価値や射程や争点が分解され、組み立て直され、変形されるという可能性／幸運《チャンス》が生じることであろう。それは、「日が沈むところ〔西洋〕l'occident」や「日出づるところ〔東、東方〕」といった名付け方、「中央」あるいは「周辺」そして「世界」そのものや「人間」など、空間と時間を経て名を与えられる全てのものの名付け方についても同様である。さまざまな「民族」「文化」「文明」とは、独自の「習俗」「精神」「霊〔悪霊にせよ善霊にせよ〕」や、独自のリスクそしてチャンスを有する複雑で微妙で不安定な集団であるが、そこでの、語り、思考し、存在する――要するに意味をなす――ためのあらゆる様態もまた、そのように他なるものに触れることでのみ、生成しては破綻し、歪曲しては再び形状を得ていくのだ。

ジャン＝リュック・ナンシー

アドラシオン――キリスト教的西洋の脱構築／目次

凡例

1　巻頭には、著者から寄稿を受けた「日本語版のための序文」を置いた。
2　章分けならびに改行は原著に従うことを原則とした。
3　翻訳にあたって、原文のイタリック体はゴチック体とした。
4　固有名詞の表記は現地音を基準にすることを原則としたが、よく知られたものは慣例に従った。
5　［　］は原著にある補足、〔　〕は訳者が加えた補足を示す。
6　原註〔本文行間の（1）（2）…〕は巻末に、訳註〔本文行間の＊、＊＊…〕は各ページごとにまとめた。
7　本文、原註に於ける引用文は、原著のフランス語を文脈に応じて訳者が訳した。ただし邦訳があるものは、参考文献として邦題、訳者名、発行所名、刊行年、参照頁を記した。

アドラシオン

キリスト教的西洋の脱構築

Jean-Luc NANCY

L'ADORATION

(Déconstruction du christianisme, 2)

This book is published in japan by arrangement with ÉDITIONS GALILÉE,

through le Bureau des Copyrights Français, Tokyo.

プロローグ

覚醒する精神の様態が崇拝である。(1)

覚醒する精神とは、おそらく、目覚めつつある精神のことでしかないだろう。つまり眠りから醒めたばかり、非存在の状態から抜け出したばかりの状態である。鈍さや暗がりを引きずってまだ不機嫌かもしれない。それらを全て押しやり払い除けて精神はそれ自身になっていく。それは息吹*というよりは侵入、細く尖った先端で入り込んでいくことである。その鋭さは、侵しがたい物質――世界、身体たち、われわれに共通の現前のかたち――を弛緩させたり解体したりはしないが、しかしそれらに遊びや光を与えるのだ。照らし出すのではなく両側へ押し広げるという意味、共通で密な厚みのただ中に開かれた

***息吹**　精神／霊を表す esprit（英語の spirit）のラテン語の語源 *spitirus* はヘブライ語の *ruach*、ギリシャ語の *pneuma* の訳語であり、これらは全て「息」「風」を意味している。旧約聖書には「主なる神は土のちりで人を造り、命の息をその鼻に吹き入れられた。そこで人は生きた者となった」（『創世記』2-7）とある。

開孔という意味での。

同時に、目覚める精神とはただ単に、精神そのもののことなのだ。精神とはつねに再開される目覚めでしかない。フロイトは誕生は生涯持続すると主張した。同様に目覚めも目覚め続ける。それは自らに等しい安定した覚醒状態へと自己超越することはない。あるいは、誕生にとってと同じように、精神の自己超越とその終着とは、自己に単に等しくなること、つまりもはや誰に於いてであれ誰とのあいだに於いてであれ、差異をなすことのない自己となることであろう。死はまさにそのような同等性である。だが精神――精神と言っていいのか、あるいは生そのものだろうか?――とは、覚醒に於ける自己への不等性であり、それは共約不可能なもの〔共通の尺度で測れないもの〕へと開かれていくのだ。今ここに、等しく同一で内属し固有なものの表面すれすれに、等しくないもの、異なるもの、外的なものが浮かび上がる。それは真価を見定めることができないもの〔それを測る尺度を持つことができないもの〕として現れる。それは意図でも争点でもない。

尺度を持たないこと、尺度から離れ、唯一の関係付けからさえ離れること。いかなる共約や理解や適合にも還元し得ない「関係なし」ということがあるのを経験する éprouver こと。「何が」「誰が」問題なのか認識さえしないこと。全く何も認識しないが、そういうことなのだと経験すること。つまり、同質なものはあらゆる同質性を逃れるような異種混淆性によって開かれているのだということを――ちょうど覚醒するそのとき、ほんの束の間、自分が目覚めつつあることも、どこで、いつ、なぜなのかもわからないということがあるように。われわれは皆、それが何であるか知っている。そしてまた、まさにそれは**存在する**ものではないということも十分わかっているのだ。それはある情動、色合い、ことば、振る舞い、反響である。それはひとつの顔であり、ひとつの誕生であり、またひとつの死である。というよりむしろ、それはある「一」が生まれ、ある「一」が死んだということである。それが特定の生者あるいは死者であるのは、それが他と比較し得ず、異質で、何にも還元し得ない者であり、そうあり続けるということをわれわれが知っている限りに於いてであり、そしてそのような者である限り、結局、彼らは決して〔完全に〕「生まれ」たり「死ん」だりはしないのである。

そのような覚醒は途切れ途切れで、われわれはそこにとどまることはない。あるいは少なくとも、われわれはそこでは持続性というものの別の域にいること、われわれに共通のものとして与えられている存在の仕方とは別のテンポで存在しているということを知らずにいるのだ。しかしその断続性がまさくわれわれの生き方にリズムを与えている。それがなければ、われわれは話をすることさえないだろうし、このように言語を用いる存在でもなかったはずだ。なぜならわれわれは語るからには、言語というものが均質なコミュニケーションや意味作用の外へと差し向けられ／自らを送り s'adresse、そしてそこへとわれわれを差し向ける nous adresse ことを知っている。そして言語とは第一にそして最終的に、そのような異質性、「外」へと向かい、またわれわれをそこへ差し向けるものであるということも知っている。言語はただそのためだけにあり、それしかしない。すなわち言語は、どこかに宛てて送り adresse、呼びかけて、名付けようのないもの、あらゆる可能な命名の全くの裏側を呼び止めるのだ。だがその裏側とは、世界の隠された面（反対側）や「物それ自体」ではないし、ひとつの存在や存在者でもない。それは存在しないのだ。だがあらゆる実存はそこから、そしてそこに向かって開かれていく。「（大文字の）彼」あるいは「それ（エス）ça」あるいは「無」。**物そのもの** chose même。それはいかなるものでもないが、しかしそれは、**何らかのもの（複数）があるということ、ひとつあるいは複数の世界がある、そしてわれわれ、われわれ全て、あらゆる存在者がある**ということなのだ。

実はそれは裏側などではない。それは現実の表面《おもてめん》そのもの、そのものとしてわれわれの方に向いた現実であり、それはわれわれへと開かれ、その開かれへとわれわれは向かっていく／自らを差し向ける **nous nous adressons**。そこに「崇拝／差し向け《アドラシオン》 adoration」と名付けられるものがある。それは、そこへの経路《アクセス》がない／到達し得ないと知っているものへと差し向けられる／送られる語り《パロール》なのだ。

＊

われわれはそんなことは全て知っている。知っていて、そして忘れているのだ。おそらくそれは忘却されるようになっているのだろう。資料のように記録保存されたり、記憶のように残ったりするようにはなっていないのだ。記憶や資料があるのなら、「アクセスなし」ということについて語る必要はなくなるだろう。しかしそうなればもう「差し向け／語りかけ《アドレス》」もなくなり、経路《アクセス》のない／到達し得ないものへとアプローチし、近接しさらには親密になる術もなくなってしまうだろう。さらに言えば、経路《アクセス》のないものへの接近《アクセス》が、もはやなくなってしまうだろう。

つまりわれわれが忘却するからこそ、われわれがそれに触れる、触れうる、触れることがあると知っているところのものが無傷で守られるのだ。あるいはそれは触れるというより、われわれが触れられているものかもしれない。われわれは触れられていることを実際に知っているわけではないが、だからといって全く知らないわけでもない。それこそ言語の可能性という特別の可能性であり、つまりわれわれという存在の可能性――われわれという世界‐内‐存在の可能性、ひいては世界そのものの可能性なのだ。世界は、共約不可能なもの、非‐世界、外部に触れ、そして／あるいはそれらによって触れられる。そういうことがなかったら、それは世界ではなく、単なる領域つまり要素や次元といった部分の合成となってしまうだろう。しかし世界は部分も要素も次元も持たない。世界とは、実存するものが意味の接触へと晒される／露呈されることであり、その意味は世界のうちに「外部」という無限を開くのである。

有限の中の無限。無限への開かれとしての有限性。賭けられているのはそれ以外の何物でもない。死ぬということ、生まれるということ、偶発性といったことをわれわれは「有限性」と名付けるが、そう名付けること自体によって、われわれが実存し、そして世界が無限へと開かれ、また無限によって開かれて実在するということが透けて見えてくる。そうでなければ有限と名付けられるものなどあり得ない。すなわち、実存するというそのこと自体が、実存は「有限」であること（ここでの有限とは、実存は自らを超えていくような拡張性を欠いているという意味だが）を否定している。それどころか、実存するという事実そのものが、実存が全き拡張性、十全たる広がりを有しそれらをもたらすということを示しているのだ。今ここで、誕生と死のあいだで、その「有限性」を何ら否定することも抑圧することもなく。というのも何しろその有限性こそが無限**である**のだから。すなわち誕生と死のあいだで、その都度、ある絶対的なものが実現されるのだ。

自由、平等、友愛、正義 *Liberté, égalité, fraternité, justice*

ここでいきなり、歴史上の幾らかのバリエーションを踏まえたかたちで、政治的スローガンとみなされてきたものが現れたことに驚かれる向きもあるだろう。スローガンとはすなわち、それに見合うように行動するべしと表明される思想のことである。だがこの四つの思想――根底に於いてはただひとつの思想なのかもしれないが――は、歴史に於いて単に政治的（かつ社会的）行動規範として到来したものではない。ではそれは、一般に理解されていることの手前あるいは彼方で何を意味しているのか。

その思想が述べているのは次のことに尽きる。人類（当面は人間以外の存在者に関わる問題は保留にしておこう）の構成員に帰属する、あるいは何が何でも帰属しなければならないものとして考えられる性質や特性や長所といったものは、当初は社会性に結びついた性質ではない。社会性とは諸々の利益や競合や葛藤を調和させせバランスを取るための固有の秩序とみなされるが、それ自体は二次的なものである。決定的に最初に与えられるのは、共同で実存するということなのだ。共同的なもの le commun とは、結びつけることも分裂させることもないし、集めたり分離させたりもしない。それは実体でも主体でもない。共同的なものとは、われわれがお互い（ここでも人間以外の存在のことは置いておこう）への送り返し renvoi によって存在する――存在論的な十全な意味に於いて――ということである。この送り返しのエレメントが言語である。言語はわれわれをお互いへと差し向ける。また言語によってわれわれは皆一緒に、言語が何にもまして出現させるもの、すなわち意味の無限へと差し向けられる。いかなる意味作用もその無限性を満たすことはできない。そしてその意味の無限は人間と共に（ここではっきり言うことにするが）あらゆる存在者を含めた世界の全体を包み込む。実は、意味というものが無限に繰り広げられるのも、この世界の包摂に釣り合ってのことなのだ。それによって意味は自身に戻っては自身に於いて開かれる。その開かれる形状／布置が「意味 sens」と名付けられているのだが、それは「無-意味」や「不条理」さらには「常軌を逸したもの」として現れることもある。

　世界の意味はあらかじめ保証されているものでは全くないし、あらかじめ失われているものでもない。それはわれわれにいわば前もって課されている共同の送り返しのうちで、もっぱら繰り広げられるものである。それは、世界の外に参照や公理や記号論を求めるような点に於いて「意味」なのではない。意味が展開されるのは、存在する者たち――語る者もそうでない者も――が世界に、開かれや呼吸や語りかけ《アドレス》の可能性を行き渡らせるからであり、それこそが世界の世界性そのものなのだ。

「自由」や「平等」――そしてそこから派生する全ての観念――は、それらが自然あるいは神の原理によって定められていると考えるような社会体系の外で語られるとき、つまりもっとずっと大雑把に「民主主義」と呼ばれるものが語られるとき、この「自由」と「平等」という二つの特質は実は、人間を人間たらしめているもの、すなわち言語へと否が応でも関係付けられる。

　人間が自由で平等であるのは、ことばを話す存在である限りに於いてである（そして言語によって、この自由と平等という特質が場合によってより広い外延を獲得することが可能になる）。勿論だからといって、解放や自由化、疎外の克服といった長い伝統のうちでこれらの語が意味してきた事柄――所有や享受や安全に関する個人の権利的平等と、その同じ個人が所有したり享有したり危険を冒す権利的自由（現実を法や権利に合わせるという要請を伴う全て）――の価値が何らおとしめられるわけではない。しかしそれでも、「民主的」であると言われる人類に固有のこれらの特質の起源と行き先を感知し思考しなければならないのだ。

近代の解放運動によって、それまで不当で粗野な階級制によって虐げられてきた個が解放され平等になったと考えるとしたら、それは大きな誤りである。これもまた、誰もが知っていながらつねに忘れてしまうことである（近代とはまさにこの忘却を続行することに存する）。個というものは、それを解放しようという運動そのものによって作り出された。欧州文明の転換期に、それまでとは別の人類が、「解放」されたというよりは、あらたな企図のもとに作り上げられたのである。その企図とは、人間を全面的に人間へと露呈させる exposer ことに他ならない。それは「神々」や「帝国」や「神聖さ」として維持されてきたあらゆる保証――そしてあらゆる恐怖――が崩壊してしまった世界に於ける人間の企図であり、実のところ欲望であったのだ。

そこで賭けられていたものを、われわれはまだ本当には察知していない。古代の社会で奴隷が解放されたときは、**誰**が「自由な人間」として登場したかはわかっていた（「奴隷解放」の詳細はここでは省略するが）。しかし近代の人間が自らを解放したときには、**誰**を登場させたのか自分でもわかっていなかったのである。

この無知、むしろ不可知あるいは非‐知が、実はその冒険の賭け金であり、幸運《チャンス》でありまたリスクでもある。われわれはある**自由**やある**平等**、そしてそれに付随する正義や友愛や連帯を我がものにしようと決めたわけではないし、決めたところでそんなものはどこからも手に入れることはできなかった。そのようなものとしては何も与えられなかったし、まさにそれゆえにこういった諸観念が絶えず討議や口論をもたらすのである。そしてそれは近代社会の序となった古代文明以来ずっとそうなのである。

ひとまずわれわれは「人間」のさまざまな姿を試し、使い古し、歪曲してみたものの、その「人間」と仮定されたこの存在の真の在り方——生《バイオ》‐形而上学的にも技術関係的にも——はわれわれが考えるほどには、われわれ自身にも結局は明らかにならなかった。ならば今度はそれらの姿や形状や歪曲を超え出るのがわれわれに課せられた役目であろう。われわれにさしあたって必要なのは、より多くのヒューマニズムや民主主義などではない。われわれは「人間」についての全ての思想を再び巻き込み稼働させることから始めなければならないのだ。

そしてそのときこそ、自由と平等が最初に価値を持つのは、人間を真っ先に特徴付けるエレメントすなわち言語の使用に於いてであると言うことから始めなければならない。その使用とはある「外」へと向かう語りかけ《アドレス》である。その「外」とは世界の外側という意味ではなく、世界そのもののうちで世界を開くような「外」である。もっとも言語がそこへ向かおうとすると、「外」はその差し向け／語りかけの裏をかき、そこへの通路《アクセス》を閉ざしてしまうのだが。そのような言語の使い方をわれわれは行使しなければならない。そもそも人間はずっとそうしてきたことは確かである。そのようにして人間は話し始めたということも確かなのだ。人間の初めてのことばはアドラシオン、すなわち外へと差し向け、語りかけることに属するものであった。最初のことば、あるいは最初の文は、話の聞き手やメッセージを超えた彼方へと一挙に送り出される。語や文は、話者どうしの単なる伝達には根源的に還元し得ないものを開く。それらは、伝達という目的よりもっと前からやって来て、そのもっと先まで行くのだということ、そして望もうが望むまいが、単なる指示や意味付けや伝達の超過に乗り出すということを、自ら示すのである。

三重の一神教の神*が、その力を行使するというよりはまず語りかけてきたのは（そしてブッダも同じだとすれば）、あるいは別の言い方をするなら、神の力の行使がことばを経由したのは、神に於いてことばは供犠の行使やその効力に取って代わるものであったからである。供犠とはある命の血を流すことで、世界を別の世界へと結びつけることであった。それに対してことばは生者のうちに――それも具体的なある生者のうちに、しかし世界全体に向けて――ある他性を開く。その他性には「結びつけられる」のではなく、そこへと開かれることが重要なのだ。その他性は名付けられるべきものではない。それはあらゆる名に対する超過として示される。それはつなぎ止めるべきものでもない。それ自身がわれわれのことばのつなぎ目や接合点となり、意味の無限の可能性をなすのだ。

地中海沿岸で始まった古代から現代のわれわれに至る歴史に於いて、それ以外のことは起こらなかった。われわれは帰属（人間より上位の存在の統治への）の徴を消し去り、秩序ある配置（階層化された世界、時間のサイクル、叡智）を切り離した。今やわれわれは完全に語る存在となった。われわれのことばはもはや、ことばそのものの**他処**《よそ》以外の他処には向かわないのだから。今後はそこでわれわれは自らの運命と戯れることになるのだ。

もはや何も、誰も、われわれのことばに答えない。実は人間はそのことをずっと知っていながら、それ――神々に形象を与えたこと――を認めるのをいつもそれなりにうまく避けてきたのかもしれない。

しかし今や人間は、もう何も、誰も答えてはくれないこと、そのかわり全て、全ての人間が、われわれというこの差し向け《アド》／語りかけ《レス》の反響で満ちていることを自ら表明するに至ったのである。

われわれ皆が差し向け《アド》／語りかけ《レス》なのであり、そこに於いて皆が、われわれの平等（誰もより多くの答えを要求することはできない）、われわれの自由（誰もことばを掌握していると主張することはできない）、われわれの兄弟愛／友愛（兄弟として誰もが同じように「父」を欠いている）、われわれの正義（各々が、自分の語りかけは答えは得られなくとも受け入れられるということを皆に対し期待することができる）を有しているのだ。

もう一度言うが、われわれはそのことを知っている。私は心の底からそれを確信している。ここである一人のやり方で表明されているそのことこそ実は、われわれが「人間」について持つ知の土台をなしている。その人間とは初めてあからさまに、十全で厳密な人間性、自分以外に全く頼るものがないという人間性のうちに投げ込まれているのだ。ここで、然るべき時機に、遺産相続権を欠いているという人間に共通の運命に於いて。

＊**三重の一神教の神**　ユダヤ教、キリスト教、イスラム教は、同じ唯一絶対の神を戴いている。その意味で神は三重に措定され、三重のポジションを持つと言えよう。それぞれの信者がそのことを実際に認めているか否かは、全く別の問題であるが。

真の生は他処《よそ》に、すなわちここに　*La vraie vie est ailleurs : ici*

現代は自身を我有できない時代である。人間はそこで自分自身から断ち切られている。もはや神々にも科学にも頼ることができず、人間は自らへの信頼を見出すことができない。

だから人間は別のかたちの信頼、つまり神でも科学でもない別の場所あるいは別のものを信頼すべきだということを学ぶ。別の場所、ランボーらの言う「真の生活」*があるべき「他処《よそ》 ailleurs」へ向かうべきなのだ。しかし真実へと開かれうるあらゆる「**他処、彼方**」を言い表すために、人間は使い古された名前しか持っていない。すなわち「神々」や「（一神教の）神」「神秘」「彼岸」「タオ（道）**」「ニルヴァナ（涅槃）***」「陶酔」「忘我恍惚」のような。そしてランボーの言う「透視力 voyance****」もまた、彼自身（ランボーそして人間）がお払い箱にしてしまった。

実は使い古されたのはこれらの名だけではない。全ての名がそうなのだ。われわれの時代は意味作用の連なり全体をずらし、鎖を解いてしまった。「人間」「歴史」「自然」「法（権利）」「科学」「愛」「芸術」といった語を考えてみればわかるだろう。そういう語は他にも幾らでもある。われわれは意味作用の中断を生きている。

とはいえ、意味作用というものはつねにそういう成り行きをたどるものなのだ。複数の言語が存在し、そして諸言語は変化していくことを見るだけでも、そのことは明らかである。しかしわれわれの時代はそのことをより明確に、一種の故障、頓挫として経験するのである。それはおそらく、われわれが長いあいだ、歴史の変化や西洋の理性の拡大を下支えするものとして、意味の安定と恒常性を信じてきたからであろう。しかしながら、その理性の拡大が世界の飽和状態として終わろうとするとき、意味の恒常性はシンコペーションのように断ち切られ、これまで「意味」と名付けることができていた持ち札全体が配り直されることになったのである。

実際は「意味」という語の「意味」そのもの、その概念の内実、もしかしたらその可能性さえもが問われることになるだろう。しかし意味とはつねにそうなるべきものなのだ。意味は問われ、賭けられ、危機に陥ることによってしか生起しない。誰も、いかなる人類の文明も、それを知らずにいるとかあるいは知らなかったはずはない。意味は与えられるものではない。それはつねに失われる瀬戸際にあるか、あるいは溢れてわれわれを圧倒する。それはいつだって過剰か欠如のいずれかである。だが、それが「ありすぎる」とか「少なすぎる」と言うための基準となるような尺度などどこにもないのだ。ならばわれわれのものとなる意味は、いつも「**丁度**《ジャスト》」であると言うこともできよう。それはことばを話す存在とし

*真の生活　ランボーの詩『地獄の季節』の中の「錯乱 Délire 1」という章の一節「真の生活というものがないのです。私たちはこの世にいるのではないのです」より。
**タオ（道）　道教の中心概念。宇宙や自然の創造から人間関係に至るあらゆる実在、事象、観念の根源を示す。
***ニルヴァナ（涅槃）　仏教用語。煩悩の火を吹き消した平安の状態を指す。
****透視力 voyance　ランボーは一七歳のときに書いた私信「見者の手紙 lettres du Voyant」の中で自身の詩的覚醒を表明し、詩人はあらゆる感覚を合理的に攪乱することで未知のものに到達するだろうと述べた。

ての「われわれ」のものである。しかしまた同時に、それは全ての存在者のものであり、無のただ中で宇宙の偶発的な渦巻きの中に放り出されている世界全体のものでもあるのだ。

意味のその正確《ジャスト》さは正当なものではなく、常軌を逸していて、痛みを与えるものでありながら、人間たちはその手痛い恩寵、困難で苛立たしいがしかし心を揺さぶるよろこびを、崇拝／熱愛する術を絶えず心得てきたのである。

アディクシオン——アドラシオン　*Addiction — Adoration*

「アディクシオン」とは元はラテン語で、英語に取り入れられ現在知られている意味〔「アディクション」中毒、依存性〕を持つようになった。古代ローマで *addictio* という語は、断言や宣言や契約を確認することであった。語の意味はやがて「献身、奉仕する」「身を捧げる」「身を委ねる」という方向へと変化し、もっと後には義務や負債あるいは服従を意味するようになる。

〔アディクシオンの語源である〕*ad-dicere*（そして／あるいは *ab-dicare*。近い意味の二つの動詞があるので）と〔アドラシオンの語源である〕*ad-orare* とのあいだに何らかのつながりを見出さずにはいられない。もっとも、前者の *-dicere*（「言う *dire*」の意）は宣言やその内容に関わるのに対し、後者の *-orare* は（古フランス語 orer もそうだったように）、誰か（何か）に向かう呼びかけ《アドレス》として語りかけることに関わるのだが。しかし言語という面から離れても、アディクシオンとアドラシオンという二つの語の微かな接触は何かを示唆してくれそうだ。

現代社会の特徴があるとしたら、それはまさにアディクシオン（中毒、依存症）であろう。現代社会は依存状態に依存しているとさえ言える。実際、他のいかなる文化も、嗜癖や依存という現象のこれほどまでの拡大を経験したことはなかったであろう。その依存とは、ヘビーなものからライトなものまでさまざまな薬物から、食べ物への依存（肥満）あるいはその拒否（拒食）、ゲームやテレビあるいはパソコン依存、あるいはつねに音楽を聴いてなければいられないとか、あるいは、さまざまな流行、情報、レジャーや海辺のリゾートや日焼けや旅行といった映像によって絶えず興奮状態が更新されていくさま、そして金融「バブル」を引き起こす目も眩むほどの投機に至るまで、実に多岐にわたる。

病的な依存症――どこからが「病気 **pathologie**」か、その境界を定めるには慎重を期さなければならない分野だが――がいつも、それも同じ段階で問題になるというわけではない。だが少なくとも何らかの受苦《パトス》 *pathos* あるいは受難／情熱《パッション》 *passion* が関係しているだろう。すなわちすすんで何かを受け入れようとし、ある振る舞いのうちに、あるいはその振る舞いによって捉われようとする受動性が。その振る舞いとは、どこか他処《よそ》、彼方へと捉われ、押し流され、運ばれたいという期待に応えようとする。あるいは、触れられ、作用を受け、そうして彼方へと開かれるべく変化を受けよという要請に応えるような、そんな振る舞いなのだ。

「他処、彼方」とは何らかのかたちでの「意味」のことである。意味とは送り返し **renvoi**、すなわち他処あるいは他者（私の内の、あるいは私の外の）に向かって送ること **envoi** である。それゆえ意味とは本質的に未完で、完遂し得ず、そして無限なのである。

ここでアディクシオンと呼ばれるものと、アドラシオンと呼ばれるもののあいだには、どんな違いがあるのだろう。その違いはとても単純なものかもしれない。

アディクシオンとは、その対象や性質がどんなものであれ、触知でき手に入れられる現前との関わりを意味する。「ドラッグ」は現前の別のレジームを実際に垣間見させてくれるものである。そうやって見えた「他処」の世界で、逃れたい現実の「ここ」を忘れたり、あるいはそれを変換したりできるわけである。アディクシオンには詰まるところ、そういう幻覚に関わるものがある。

アドラシオンの方もある現前への関わりを示すが、それを「ここ」へもたらすのではなく、逆にそれを何よりも「他処」として、しかも「ここ」を開く他処として認識し明示することが重要なのだ。したがってここでの現前 présence とは普通の意味でのそれのことではない。つまりそれは「何か」の現前ではなく、「ここ」そのものの開かれ、裂開、裂け目あるいは逃げ道となる空隙の現れなのだ。

I

意味の意味はない
——それが崇拝すべきこと

Il n'y a pas de sens du sens : cela est adorable

1

崇拝が今日の世界にとって必要不可欠であると、冗談抜きで主張することなどできるだろうか。できないであろう。ここでもそんなことを主張するつもりなどない。たとえそうしたいというある種の欲求があったとしても。だがそうしないのは、正義、歴史、市民国家、荘厳さ、意味といったあらゆるものが欠けていそうな世界で――もっとも、アイドルやフェティッシュや神々やスターといった崇拝の対象になりそうなものには事欠かないが――「崇拝／熱愛」に訴えたりすることがグロテスクだからではない。そういう理由によってではないのだ。なぜならそのような理由は、たとえ最初は当然で良識に基づいたものとして受け入れられたとしても、実は正当ではないのだから。

その理由が正当でないのは以下の二つの点に於いてである。第一に、崇拝というものが上に挙げたようなきらびやかであるが胡散臭い人種、祭り上げられ、ばか騒ぎをしている輩にしか向かわないかのような前提ゆえである。そこでまず、崇拝とはどのようなものかということが、まさに問われなければならない。

第二の理由は、必要性の主張に関わる。われわれの世界の苦悩や不安がどんなものであれ、またわれわれが宗教的にも世俗的にも人間の終末論に終止符を打って以来いかに方向を見失ってしまったにせよ、それに対する喫緊の措置が真に効力を持つためには、いかなる必要性をも声高に叫んだりしてはならないのだ。必然性から生じたわけではないものには、何も必要ではない。そしてわれわれの世界は世界そのものの偶発性、世界がその特徴として偶発的であることからのみ生じたのだ。となれば、世界が「〜から生じた」とはもはやほとんど言いがたい。世界は生起し／場を持ち、そこにある。世界がそこにない、あるいは存在しないこともありうるだろう。世界は何かに由来したり、どこかから派生したわけではないのだから。

考えなければならないことはまさに次のことである。いかにして存在することの偶発性が崇拝《アドラシオン》**adoration** へと開かれるのか。といっても存在そのものの崇拝ということではない。それではあたかも、偶発的なもの、偶有的なもの、偶然的なものが、かつての必然性、神性、理性、目的といったものに対抗する栄光へと格上げされることがふさわしいかのようだ。しかしそうではなく、いかなる祭壇にも玉座にも登らず、いかなる栄光をもひけらかさないもの、もしそれが立ち上がるとしても、それが同時に平伏や廃位、放棄でもあるようなものへの崇拝《アドラシオン》を考えなければならないのだ。

世界や存在については、その悪い徴候を嘆くのがあたりまえになっている——実はそれはわれわれ西洋の伝統の特徴というだけではない。たとえ、ソフォクレスが（ヘルダーリンが理解したように）人間とは「おぞましく［…］地上の法と、自然の支配者に誓った信に背く（者である）」と語って以来、その特徴が西洋に於いて著しく強調されてきたとしても。ソフォクレス以来、われわれはそのおぞましさを不条理へとさらに深め、あらゆる支配者への信も法も失ってしまった。われわれはよく次のようなことを言う。「私は何物にも意味はないと思うことがあります。何千年ものあいだ無へと向かっているこの小さな惑星で、われわれは苦痛のうちに生まれ、成長し、闘い、病に倒れ、苦しみ、人を苦しめ、叫び、そして死んでいく。誰かが死ねば、そのとき誰かが生まれ、無益な喜劇がまた繰り返されるのです」(2)。しかしながら、ソフォクレスもサバトもそれを書いたのだ。彼らは書き、そしてわれわれが文学に対して幾ばくかの敬意を抱くとしたら、それはまさに文学というものが、与えられた事実を単に書き写したものではなく、限定も完結もし得ないさまざまに可能な意味の開かれであり、それをわれわれに伝えるものであるからなのだ。

2

存在することが偶発的 fortuit であること——世界そして個々の存在者(語る存在である人間や、生物あるいは無機物も)が偶発的であること——は、それらの偶然性 contingence とは別物である。偶然性というのは必然性との対比によってまだ測り知ることができる。「偶然性 contingence」とはひとつの哲学用語であるためそれは、「偶然的なものの総体は世界の秩序一般を形成しうる」という弁証法へと一気に組み込まれてしまう。一方「偶発的」とは、性質や状態というより情勢や動きに関わる観念を示す。偶発的なかたちで、何かが生起し、そしてそれはまた何らかの仕方でその偶発性のうちに消えていく。それはめぐり合わせによる一時の出会い rencontre de fortune (「運 fortune」と「偶発的 fortuit」は「偶然」を表す同じ語 *fors* から派生している)——幸運なものであれ、不運なものであれ——であり、幸運な出会いもその都度、不運なめぐり合わせに身を晒しているのだ。

本質的に、偶発的なものは断続的で束の間の時間に対応する。本質的に、偶発的なものは唯一性（特異性）や「場」――空間／時間――の不連続性に対応する。その「場」に応じて不連続性は特異なものとなるのである。

そこには何ら目新しいものはない。偶発的なもの、そして束の間のもの、逃げ去るもの、脆いもの、はかないものが相俟って、われわれの座標系の短調のラプソディが構成されているのだ。長調をなすには、安定し、一貫性を持ち、持続するものが求められる。ならばいっそう偶発的なものがどれほどわれわれを、つまりわれわれの加担を必要としているか察することができるだろう。しかしここには加担すべきものは何も見受けられない。

そこへと定着すべきもの、つかまるべきものは何もない。信条の表明や根拠に基づいた確証を書き込むべきものも何もない。そこには運 la fortune とその輪の回転、表（順境）と裏（逆境）しかない。それはわれわれの運命を弄ぶ盲目の女神 Fortune ではなく、われわれの**境遇** sorts、束ねた紐を一気に解いてばらばらになった木の棒による〔古代ローマの〕占い *sortes* のように、世界へと投げ出されたわれわれという存在のめぐり合わせ fortune である。われわれの存在は誰かに担われることも支えられることもなく、何の理由もないまま、虚空へと投げ出されている。その虚空によってのみわれわれは共にあり、その謎めいた――あるいは極めて明白な――やり方で結びつけられる。われわれの存在すなわち全ての存在、人間や他の全ての生物、それらを支えその環境、食物、道具となる全ての要素――大気、鉱物、水、火、電子、磁気――これら全ての存在は、共に投げ出されているということによってのみ結びつき、それが世界をなす。ひとつの世界、幾つもの分化した世界からなるひとつの世界――すなわち意味の可能性の総体あるいはネットワークをなすのである。

意味とは送り返し（関係、つながり、差し向け、受容――感受性、感情）である。送り返しの総体がひとつの世界をなすが、その世界自体は他の何物にも送り返されない。世界の内部にあるさまざまな世界――たとえば極圏の世界とか、インドの伝統音楽の世界とか、ゴヤの世界、ウィトゲンシュタインの世界、毛虫の世界、トランジスタの世界といった――が、互いに送り返し合いながら世界「そのもの」"le" monde を作っている。しかし世界そのものは、何にも向かわない／参照しないのだ。

別世界 autre monde、外 - 世界 outre-monde（世界を超えた彼方の世界）、「背後世界 arrière-monde」（ニーチェ）といったものは存在しない。それはつまり、世界での全ての送り返しのネットワークに於ける究極の送り返しというものはないということ、そして意味というもの、あるいは全ての意味にとっての（最後の）「意味」はないということである。

意味というものには意味はない。だがこれは結局のところ、否定的な命題などではない。これは意味 sens――感受性、感情、意味作用――というものの肯定そのものである。その肯定によって示されるのは、世界に存在するものは互いに送り返し合いながら、その送り返しの尽きることのない戯れへと開かれるということである。そしてそれは「人生の意味」とか「歴史の意味／方向」とかあるいは「救済」とか「至福」「永遠の生」などと名付けられるようないかなる種類の締めくくりにも至らないことを示している。不滅の作品というものがあるにしても、それとて送り返しのかたちや様態にすぎないのだ。だがそのかわり、われわれにふさわしい真の不滅――あるいは永遠――というものは、限りない相互の送り返しの場としての世界によってまさに与えられる。

アドラシオンは、語りかけてくるこの無限について語り、その無限へと差し向けられる／自らを送るs'adresse。崇拝《アドラシオン》（差し向け／語りかけ）とはいわば無限の意味の礼賛なのだ。

3

礼賛そのものにも終わり／目的はない。それは自分が讃えるものに釣り合った礼賛であり、自分にふさわしい礼賛である——なぜなら礼賛はそこから生じたのだから。つまりそれは、測り知れないものの尺度での（それに見合った）礼賛である。

そういう理由から、差し向け／語りかけ《アドラシオン》について、整然と首尾一貫した言説で語ることなど可能ではないし、望ましくもない。だからといって、まとまりのなさや分断や引き延ばしを優遇するわけでもない。できるのはただ、それが「主題」となるときでさえ知り得ない何かに向かって、アプローチや洞察を試みることとだけなのだ。

だがおそらくアドラシオンは主題化するべきではないのだろう。いずれにせよ、この作業——あるいはこの省察——は、それが予備的探求であるのなら、アドラシオンの「理論」の可能性を探求するのではなく、まさにその実践の可能性を探るものなのだ。その実践は思いがけない名を有している。それは思惟である。思惟とは、知的活動——関係性を確立したり、名称（概念）や論拠（理由）を考案すること——とも、個別の活動（判断、批評、評価）とも混同されてはならない。思惟とは身体の運動である。

思惟は身体の神経のひだに於いて始まる。身体は思惟をある**意味**／**感覚**／**方向** sens の無限、すなわち他の身体たちによる作用／情動 affection の無限へと露呈させるのだ。

身体はその全ての感知しうる——感覚的、感情的、意味的——経路によって思惟を呼び起こすが、その思惟は追加の経路、全ての意味／感覚を無限へと開く経路を作り上げる。といってもそれはあらゆる意味／感覚が、全てを包摂するような唯一の意味／感覚に行き着くということではない。それらの多様性——それぞれの感覚の多様性、さらには感覚的なもの、感情的なもの、意味的なものを差異化する多様性——は無限のうちに保たれ、そうすることで無限そのものを、開かれて涸れることのない極度な超過として保つのだ。

共約不可能な／測り知れないものとはそのようなもので、そこへとわれわれは露呈されている。それは単にわれわれやあらゆる他の存在者にとってのみ測り知れないのではなく、それ自体にとってそうなのだ。それこそが思惟にとっての幸運《チャンス》であり快楽である。思惟とは本質的に、超過それ自体との関わり、絶対的な超過との関わりであり、その超過とは「存在」や「世界」や「意味」と呼ばれるものの超過なのである。与えられるもの全てに対する超過、そしてさらに自身に対する超過。所与 donnée に遡る贈与 don の超過。それは「何かが、事物が、あらゆる存在者がある」ということの贈与である——しかしそれは「無というよりはむしろ何か」ということではない。なぜならまさに**無**とは、贈与の場所に／贈与の代わりにあるものなのだから。

4

［…］それは他には何もないからなんです、だから何か他のものがあると私は信じているんです。(3)

世界が与えられているというその贈与が崇拝《アドラシオン》を求める。それがわれわれを差し向け／語りかけ《アドラシオン》へと招き、そこへ引き入れ、それを呼び起こす。しかしそれ以上に、その贈与がそれ自体でアドラシオンの可能性——必然性ではないにしても——を開くのだ。といってもそれは、受贈者が贈与者に対して恩義を感じるときのように、贈与が強制するからではない。そうではなく、贈与者のないこの贈与、世界という出来事と単に等しいこの贈与自体が、それ自身ですでにアドラシオンの身振りをなすのだ。すなわちそれは無限へと向かう。あるいはそれは**無**というものの**実在** le réel du rien を無限へともたらす。世界の贈与は無の閉域を開くのだ。

この**無**の**実現** réalisation de rien がいかにして、他でもない「無からの創造 création *ex nihilo*《エクス・ニヒロ》」という教理の注釈をもたらすのかをここで示すこともできようが、しかしそのような神学的迂回の必要はないだろう。何しろ神学は執拗にわれわれを全能の神へと引き寄せようとするだろうから。(4)

次のことを指摘すれば十分だろう。厳密に言って、正しく理解された「創造者」とはその創造の行為と混じり合うのであり、正しく理解されたその行為は、虚無／非 - 存在 néant の偶発的な解消と混じり合うのだ。*ex*《エクス》とは「～からの」という意味ではなく、「～の外 hors de」「～から離れて à l'écart」ということである。虚無の未分化の同質性のうちに、ある開き／隔たり écart が突然生じ作動する。それが「ある瞬間」に起こったと言おうが「永遠の昔」に起こったと言おうが、結局同じことである。それはとにかく**不意に起こる**。それは不意の到来そのものである。その隔たり／間隔が世界を開くのだ。

間隔というものは何かの「中で」生じるはずだという反論があるなら、「**無** *nihil*《ニヒル》」と「**何か**」――未分化のもの、物理学者の言う「真空」だろうが、物質の初源の亜原子粒子だろうが[5]――とは同一なのだと答えなければなるまい。「無 *nihil*」とはいわば隔てること écartement そのものであり、間隔 écart の緊張であり、またその拍動 pulsation あるいは欲動 pulsion なのだと言えるかもしれない。となると、正しく理解された創造についての神学（それは神秘主義かもしれない）と、物質（あるいはエネルギー）の非時間的恒常性の理論とのあいだに違いはなくなる。物質はつねにすでに与えられ、つねにすでに**そこ** là にある。時間の各瞬間ごとに、その**そこ** là は外、隔たり *ex* に於いて開かれてそこにあるのだ。

その世界は「可能な世界」のひとつではない。なぜならいかなる可能性の投影もその世界に先行していないのだから。虚無のただ中には、いかなる類いの世界についてであれ、そのプランや仮説を描くようなものは何もない。それどころか世界とは、昼と夜、土と水、この分子とあの分子、ある存在と別の存在との、あり得ないような分離である。*ex nihilo*《エクス・ニヒロ》とは、結晶のそれぞれの形状、神経系のそれぞれの旋回、それぞれの生理学的リズム、思考や機械やコンピュータシステムや音楽作品のそれぞれの組み合わせといったものである。

閉じた同一性への内属のうちにとどまっていたであろうものに隔たりや断裂が生じる。実はそれは、「同一 identique」というよりはむしろ固有的 idiotique、すなわち自閉し、内も外もなく、自己に呑み込まれているような状態である。だがその断裂が、同一性を差異によって、内を外によって、昼を夜によって、そして無を事物によって開く。しかし断裂とはそれ自体では何でもなく、単なる隔たり、開かれ以外の何物でもない。それは開かれというものの取るに足らないほどの小さな実在 réalité（*res*, rien 何でもないささいな「もの」*）である。したがってそれはまた、関係、移動、変換、交換、幸運なあるいは不運な遭遇といったものの実在でもある。開かれとは偶発的である分、リスクを伴いまた波乱をもたらすものであり、危険であると同時にかけがえのないものなのだ。

差し向け《アドラ》／語りかけ《シオン》はその開かれへと差し向けられる。アドラシオンは開かれという**無（何でもないもの）**——それは原因でも起源でもない——によって支えられる／自らを支える se tenir ことである。アドラシオンとはその姿勢の保持 tenue そのものである。

したがってアドラシオンは一種の謙虚さに於いて保たれる。これまでもさまざまな伝承によって知られてきたことだが、*ex nihilo*《エクス・ニヒロ》が示すのは、神は強大で重要なものなど斟酌せず、もっとも慎ましいほと

＊何でもないささいな「もの」 フランス語の rien（無）という語の語源はラテン語の *res*（もの）である。フランス語で un rien と言えば「何でもないもの」「ほんのささいなもの」「取るに足らないもの」を意味する。「無」とは「何もない」わけではないのだ。なお「現実」「実在」を意味する réel, réalité といった語も同じ *res* が語源である。

んど取るに足らないようなもので物事をなす、ということなのだ。ユダヤ教的（ヨブ）*なものであれ、キリスト教的なものであれ（その婢女の卑しきをも顧み給えば**…*respexit humilitatem ancillae suae...*）、イスラム教的なものであれ（「イスラム」とは信頼して服従するという意である）、謙虚さ／恭順 humilité は屈服／屈辱 humiliation とは何の関係もない。恭順とは限りない距離を推し測ること、それ以外の何物でもない。

5

このような思考――あらゆる思考の最尖端――には、あらゆる形態そしてあらゆる時代の文化や宗教あるいは哲学にも共通して見られる何かがある（まさにこの点に於いて宗教と哲学は接触するのだが、両者はたちまち離れていく。というのも宗教は**無**を満たそうとするものだからである）。しかし近代に於いては、それを強調しさらに研ぎ澄ますといった特徴が見られるのだ。

カントの文章がそれをよく示している――その文章には当然のことながら現代とはかけ離れた時代の明らかな痕跡が見られるが、しかしその文を現代のわれわれに引きつけて読むことも可能であろう。

カントは次のように書いている。「極微のもののうちに見られる神の創造の深い知恵、もっとも巨大なもののうちに見られるその偉容――これはすでに古来より人間が感知し得たものであるのは確かだが、しかしその認識が限りない称賛にまで拡大されたのは近代のことである――それらの観想がもたらす力はあまりに大きく、人間自身の目から見て人間はいわば無に等しいといった感情、**崇拝**と呼ばれるような状態を引き起こす。そればかりか、人間の道徳的な行き先に関しては、その観想の強力な力は魂をかくも高みへと引き上げるため、それに比べればいかなる言葉、たとえ［…］ダヴィデ王の祈りの言葉でさえも虚ろに消えていってしまうことであろう。神の指のこのような直観からくる感情は何とも言い知れぬものだからである」(6)。

これを次のように書き換えてみよう。「そのいかなる目的性も感知できない世界を前にして人間はつねに、もっとも小さな細部と、宇宙とその歴史の荘厳なまでの偉大さとが、きちんと組織立ってまとまっているという印象を強く抱いてきた。その驚嘆は、現代に於いて世界のあらゆる次元に科学が浸透し、その科学が同時にあらゆる種類の「充足理由」を世界から際限なく遠ざけることでますます高まっていった。世界の環境に関わる技術の絶えざる変化の中での、自らの置かれた立場やなすべき寄与や自分の取り分を前にしても、人間はそういう感情を抱くのである。このような瞑想や考察はある力を秘めている。それによってわれわれは、自身は無に等しい存在であるという感情に捉われると同時に、われわれ自身や世界のあらゆる意味作用を超過するものに見合うように自分を高めなければという義務感を抱く

＊ヨブ　旧約聖書『ヨブ記』の主人公。身に覚えがないまま理不尽で苛酷な試練を与えられたことから、ヨブは一度は神に疑念を抱き神への直訴を試みる。だがそこに神の声が鳴り響き、神の臨場に圧倒されたヨブは傲慢を悔い改め全面的に服従する。

＊＊その婢女の卑しきをも顧み給えば…　キリスト教聖歌のひとつマニフィカト（マリアが主を讃える歌）の一節。

のである」。

崇拝《アドラシオン》というのは、あらゆる目的や理由に対する超過への関わり、その超過そのものとしての在り方〔実存〕――世界の存在にしても、生命や思惟の在り方、意図を逸脱するあらゆる張力 tension〔何かをめざし、そこに向かう力〕の在り方にしても――への関わりである。カントはそれが名状しがたいものであることを表明するために神の指という呼び名を使ったが、われわれはそれを意図／志向性なき張力 tension sans intention と呼ぼう。それはめぐり合わせ／僥倖としての偶発性、隔たりの偶然性であり、その隔たりは**無**のうちに開かれ、そして**世界**をなす。そこには何の企図も行き先／宛先 destination もないが、まさにそのことによってわれわれは、この意図なき張力、本質なき実存の原動力を引き受けるよう差し向けられる――それは何と強力な差し向け／使命 destination であり、何という力によってそこへ送られることか！

＊

デリダが「誤配 destinerrance」と名付けたものは、そのように理解されるべきなのかもしれない。差し向けとは、どこにも行かないが、全ての実存者と共にわれわれが実存しているあらゆる生起の場へとその場で移動することである。理由も目的／終わりもない「生起する／場を持つこと」の偶発性そのものをたまたま秩序立て組織する張力 tension、外へ向かう力 ex-tension、推進力――欲動、拍動、リズム――に沿って（あるいはその周り、その周辺を）移動することなのである。結晶から論理に至るまで、そこには配列と組織化がある。それはいかなる計画によっても説明されないが、その張力 tension〔めざす力〕そのもの――結晶作用や有機体の張力、生き、思惟する張力――がわれわれの注意力 attention をめざす。それを解消するためではなく、それとの邂逅に至るため、そしてそれを経験する éprouver ために。それが「思惟する」ということなのだ。

あるいはそれが「adorer《アドレ》 差し向ける／語りかける／崇拝する／愛する」ということである。すなわち、理由や目的の**無**、実体と主体の**無**、保証と成就の**無**への関わりのうちに自らを保つこと。

＊

この原理や目的の空虚化／無化 évidement によって、もうひとつのことが理解される。それは「創造」を始原の出来事、あるいは唯一の出来事として考えるだけで済ましてはならないということである。創造は絶えず生起している。そのことは、分子の衝突や星の爆発あるいは生物のさまざまな種や人間の諸発明について語ればイメージできるだろう。一瞬ごとにデカルトの言う「連続的創造」が起こっている。それは、こう言ってよければ、戯れの再開である。「生起すること／場を持つこと」という、骰子を投げてはまた投げるその戯れによって、つねにあらたな変貌として生起が再開する。ならば、人間のさまざまな発明がいかにしてその戯れを続行するのか問わなければならないだろう。あるいは逆に、それら

＊誤配 destinerrance　ジャック・デリダ（1930-2004　フランスの哲学者）が「宛先／行き先 destination」と「彷徨 errance」を組み合わせて作った造語。送信されたメッセージは当初予定されていた受信者へ確実にまっすぐ届くとは限らず、つねに遅延や行方不明といった事故のリスクがつきまとう、計算性や合目的性に外れるものがあるということを示す。ナンシーが言及したこの箇所では、目的も志向性もなくしかし強力な推進力で世界の「外」へ向かうアドラシオンの運動が、世界の「うち」での彷徨であるということを示唆している。

の発明によって、生者の創造可能性やその生存環境のバランスは危機に瀕しているのではないだろうか。エコロジーの問題はこの点に於いて、形而上学的問題としても実際的問題としても問う意味がある。しかし、まさにこの問題が提起されるという事実、そして地球温暖化や森林伐採や海洋生物の激減などをもはや憂えずにはいられないという事実そのものが、次の二つのことを明白に示している。すなわち一方では、「自然」そのもの――なぜなら人間はそこから生じたのだから――が「非‐自然化」を生むことがあり、そのように我が身を滅ぼしかねない創造の成り行きを統御するためには、いかなる「自然の」法則や「神の摂理に基づく」意図などにも頼ることはできないということ。他方、技術というものは当然のことながら創造を更新するもの、そして創造に於ける目的の欠如を更新するものとして捉えることができるということ。どちらも明白であるが、それらの矛盾によって覆われてしまうことが今や完全に明らかになった。それはあらゆる形而上学的必然性の欠如を、そしてその欠如によってわれわれがいかに拘束されるのかを、思考しなければならないということである。

6

*adoratio** とは差し向けられる／送られる語りである。*oratio* とは荘厳な語り、何よりもまず**保持された****ことば、声や口や語る身体全体の緊張である。その内容が[7]「差し向けること／宛先《アドレス》」と分離できない、見分けすらつかないことば。通常の言語である *sermo* とは区別される高尚な言語。祈り、祈願、

差し向け《アドレス》、呼びかけ、懇願、哀願、称揚、献辞、敬礼。より正確に言うなら、このどれかを示すことばではなく、これら全てからなることば。そしてまず最初に、あるいは最終的に、それは挨拶／敬礼 **salut** である。そう、ごく普通の「Salut !」《サリュ》*** もアドラシオンに属している。デリダが「サリュ！――救済なき挨拶 **salut sans salvation**」(8) と書いた、というよりむしろその挨拶を力の限り投げかけたとき、彼は次のことを示唆していた。送られたことばは、自分自身以上のほとんど何も含んでいない差し向け《アドレス》でありながら、それは相手の実存の確認、認証／感謝を表している。ただそれのみであり、より高次の意味や威厳のうちに引き継がれたり昇華されたりすることはない。なぜならその実存はそれだけで十分足りていて、それ自身で「救われて」おり、世界から出る必要もないのだから。

その実存は意味をなし、あるいはそれ自身が意味**である**。そしてその実存とともに、次から次へと、「サリュ！」から「サリュ！」へと、世界全体が意味をなしうるのだ。このような「サリュ！」を、朝日や、地面から芽生えた植物や、あるいは動物のまなざしがわれわれに送っているのではないか。しかしわれわれ人間は、どうやってお互い挨拶をするのか。互いに交わし合う送り出し **envoi**、差し向け《アドレス》の

---

* ***adoratio*** *ad-* とは「〜に向かって」という方向性、目的を示す接頭辞である。*oratio* とは一般的にはラテン語の祈禱文を指す。

** **保持された** 音楽に於ける演奏記号のテヌート「音価いっぱいに音を保つ」の意味で。

*** **Salut !** 挨拶のことば。語源的には「救済」を意味し、相手の無事や健康を祝し、願う挨拶ではあるが、通常そのような意味合いが意識されることはない。"Salut!" は親しい相手に出会ったとき、別れるときの両方で使えるごく軽い挨拶、というよりむしろ呼びかけ（間投詞）である（日本語の「やあ！」とか「じゃあ、また！」のような）。

うちにそれがあるのではないか。たとえば建物や街や衣服や品物の形態といった合図によって。そして勿論、電話やラジオやテレビあるいは光通信といった、情報を配信しコミュニケーションを打ち立てる営みに於いても。そうではないと考える理由もない。われわれは技術をさまざまな道具や手段の結合と解釈しているが、技術とはまた、挨拶を交わしそれを伝播させるものでもあるのだ。

だが、技術を守らなければならないとか、あるいは技術から人間を守らなければならないとわれわれが考えているとしたらそれは、技術が目的に従属しているのか、あるいは目的から独立しているのかを見分けることができないからである。実際、道具／手段があるのは、プロジェクトや計画がある限りであり、そして目的はつねに更新され際限なく積み重なっていく。それらに共通する理由は収益性や生産性の追求なのだ。生産されたものが通常の交換、すなわちあらゆる「製品」が商品として、つまり貨幣というかたちで等価となり流通するシステムに組み込まれる限り、われわれはその製品に敬礼したりはしない。貨幣は投資され増加しても会釈し合うことなどない。「資本主義」というのは、栄光を表しながら非生産的であった富を、投資され利潤を生む富で置き換えたものにすぎない。

この置き換えは文明の中で選択された。もちろん無意識の選択であり、誰かが決意したものではないが、しかし少なくとも六世紀のあいだ、世界の歴史を拘束し続けている選択なのだ。そして本論の目的に即して言えば、その選択によってある意味でアドラシオンが原則として遠ざけられているのである。〔旧約聖書の〕「黄金の仔牛」*以来近代の守銭奴まで、あるいは巨額な潜在的マネーサプライの動向によって利益を得ようとする現代のトレーダーたちの熱狂に至るまで、崇拝／熱愛ぶりを風刺する戯画的特徴が繰り返し回帰してくるのは決して偶然ではない。その特徴とは感嘆し、崇め、幻惑され、そして疎外され、喪失し、狂気に至る…といったものである。なぜならそこに見られるのはまさに狂気なのだから。といっても本来の崇拝《アドラシオン》に於ける狂気のまさに正反対のかたちで繰り広げられる狂気である。真のアドラシオンの狂気は非等価的な〔比するもののない〕価値や、意味の外の意味に関わる。すなわち世界と実存に関わるのである。

技術の目的が際限なく増殖していくこと――速度の追求、デジタル化、宇宙開発、ES細胞の培養、遺伝子操作など何より危険を孕んでいそうな、あるいは危険でしかなさそうな研究――を、その目的自体の際限のなさ、そしてそこから得られるであろう利益の際限のなさとは異なるもの、つまりもっと別の次元、無際限ではなく無限の次元へと関係付けることは不可能ではない。だがそのためにはまず、この文明のただ中に、「超越」への開かれが必要であろう。とはいえ、死んでしまった神や諸々の「背後世界」への回帰を想起させるこの語はもう使えないかもしれない。

しかしながら、ここではまさに「超越」が問題なのだ。この用語が有するひたすらダイナミックな価値／力を正しく理解するならばの話だが。この語は至高存在とやらの状態を示すのではなく、ある存在者が自分自身と単に等価である状態から脱するその運動を指しているのである。それはすなわち、言葉の十全な意味に於いて実存する **ex-ister**〔外に－存する〕こと以外の何物でもない。

しかし何世紀ものあいだの使用によって、動的ではなく静的な意味合いをあまりにも担ってしまった

＊黄金の仔牛　旧約聖書『出エジプト記』に於いて、モーセのシナイ山からの帰還が待ちきれないイスラエルの民が、崇拝の対象として仔牛を模して作った黄金の像。偶像崇拝や物質崇拝、拝金主義の象徴とされている。

「超越」という語はやはり放棄した方がいいかもしれない。いや、そうするべきでさえある。なぜなら使用する語を変えることで思想の配置を変えることができるのだから。そして思想をずらすことで、先ほど「文明」というこれまたあまりにも重みや厚みを担っている語で呼んだものを、転位させていくこともできるだろう。用語が重く鈍化し意味作用が重苦しくなり、その結果言語が一種の麻痺状態に陥るのは、そのこと自体、ある文化が同質性のうちに閉じてしまい自分自身にとって無意味になってしまっていることの徴である（あるいは自分自身をしか意味しないということでもある。技術のための技術、金のための金、法権利のための法権利、存在のための存在…というように）。「崇拝／熱愛する《アドレ》 adorer」という語（この語も当然ながら、他の語以上に意味を担っていることは私も十分承知している。なにしろ何とも胡散臭い敬虔さと軽薄な世俗性の両方の意が込められているのだから）もまた、まず何よりも、好き勝手に変えたり置き換えたりすることはめったにできない語を別のやり方で**送る／差し向ける** adresser ためのひとつの方法であらねばならない。新語というのは技法上の発見、有用な道具であるが、それは慣用によってしか言語の中で定着しない。[9] そして慣用は「文化」や「文明」の配置やその深層の変化に連動しているのだ。新語やある語の再使用――「古名 paléonymie」とデリダは呼んでいた――とはつねに、言語《ラング》の中で動き、言語《ラング》を動かすための試みであり、そして言葉《ラング》のみが実際に動くことができるのだ。言語《ラング》のみとはつまり、思想、文化、それらの微かな動き、意味やその様相の移動そして変成ということである。

「アドラシオン」はただそのことのみを示している。すなわち意味のぶれや、前代未聞の差し向け《アドレス》の可能性に注意 attention を向けること。それは哲学的でも、宗教的でも、理論的でも、実践的でも、政治的でもなく、恋愛に関わるものでもなく、ただ注意深く配慮に富んでいる attentive のだ。
たとえば次のようなことへの注意深さである（引き合いに出せる例は他にも幾らでもあるのだが）。コーランには「神が崇拝されるために人間を作った」と記されているが[10]、現代人ならそのような無駄な仕業の無効性や、まるでナルシスのような常軌を逸した自惚れぶりを幾らでも告発できるだろう。しかし、コーランのその文は全く別の意味合いで理解するよう求められているとしたらどうだろう。すなわちそれが意味するのは、「神」とは、世界と実存が自らを、自らのうちで単に超過してしまうこと——それもまた確かに無駄で常軌を逸してはいるが——に対し、名義を貸しているにすぎないということだとしたら？「神」とは、単に無限というものへ無限に関わることに与えられた名だとしたら？

*

崇拝《アドレ》するとは、何かを頼んだり、嘆願したり、哀願したり、推奨したり、委ねたり、奉献したり、誓ったり、という意味で祈ることではない。それはまた栄誉を讃えたり、褒めちぎったり、称賛したり、賛美したりすることでもない。それは栄光を礼賛することでも称揚することでもない。それは歌うことでもない。たとえ歌うことは二度（二倍）祈ること（アウグスティヌス）だとしても。崇拝《アドレ》するとはこれらのうちのどれでもないし、祈ることに関わる他の振る舞いのことでもない。崇拝《アドレ》するとはこれら全てが分ちがたく混ざり合って高まる、というよりむしろ息という様態を纏うことである。吸い込み aspiration、吹き込まれ inspiration、吐き出す expiration、という三つの動きが組み合わさった、要するにそれは単純に呼吸 respiration なのだ。東方正教の僧たちが実践する呼吸と連動した祈りの例が頭に浮かぶだろう。そしておそらくプネウマ *pneuma** ということについて考えなければならないのだ。まずは次のことを考えよう。プネウマは語るものではないが、かといって沈黙しているわけでもない。プネウマは語ではなく、語を運ぶ息吹である。そしてそれは、われわれのうち、他者のうちにあるその息吹の痕跡である。それは息吹／霊のことばなのだ。

＊

崇拝《アドレ》することは、あらゆる宛先《アドレス》を超過するものへと向かう／自らを送る。さらには、それは到達をめざすことなく、意図さえなく向かう。どこかへ向かいさえしないことをも受け入れる。それが送られる**外**を、めざすことも指し示すことも認識することもできないということを受け入れる。それを外と識別できないことさえありうる。なぜならそれは今ここで、他のどこでもなく、大きく開かれた「ここ」で起こるのだから。それは開いた口、あるいは眼、耳でしかない。ただ開かれた身体でしかないのだ。それらのあらゆる開口部に於いて、身体は崇拝／差し向け／語りかけ《アドラシオン》のうちにある。

「大きく開かれたここ」、今やそれこそが世界であり、それはわれわれの世界なのだ。それは他でもないそれ自身に開かれている。自身の内在に於いて超越しているのだ。もはや自分の存在理由を重んじるのではなく、それどころかあらゆる理由（理性）の——また同時にシニカルで懐疑的でばかげた全ての反 - 理性の——脱閉域 déclosion** を考慮することが世界には求められている。それは次のことに立ち向かう／自らを釣り合わせるためである。すなわちこの世界つまりわれわれの世界は、それ自身で、測り知れないものを測る尺度を与えるということである。世界の偶然性、偶発性、その彷徨というのは充足律の支配域に結びついた呼び名にすぎない。だがそれらは、不十分なわけではない――底なしではあるが深淵ではない――理由／根拠、それどころか、あらゆる充足を超えあらゆる満足を超過してしまうような理由／理性を指すには何とも弱い名前なのだ。

この世界はまさにわれわれのもの、全ての者の世界である。私はここで、西洋の――ギリシャ、ラテン、ユダヤ、キリスト教、イスラム教の――伝統と呼ばれるものから話を始めるが、忘れてはならないのは、「西洋」なるものはもはや存在しないということである。それは今やどこにでもあり、したがってもうどこにもないのだから。地上に拡がっていった西洋の理性は、その理性の統治であったものを――徐々にではあるが、逆らえない強力な傾向によって――無効にしていった。その統治は以後別の様相を示すようになり、強者と弱者の分裂は――確かにそれは西洋由来の経済的かつ技術的な合理性によって全体的に構造化されているのだが――、世界の一部分とその残りの部分という分け方とは全く別の、もっとずっと複雑なかたちで構成されるようになってきている。世界化は脱領土化でもあり――そこに於いて世界化は「世界」（完遂し、秩序付けられた、整然と配置されたという意味での世界）を解体す

*プネウマ *pneuma* ギリシャ語で「息」を意味する。キリスト教に於いてはプネウマは「霊（聖霊）」をも意味するが、それは人と神をつなぐ仲介である。

**脱閉域 déclosion Jean-Luc Nancy, *La Déclosion* (*Déconstruction du christianisme, 1*), Galilée,2005（ジャン＝リュック・ナンシー『脱閉域――キリスト教の脱構築1』大西雅一郎訳、現代企画室、二〇〇九）を参照。

る――、そしてこの脱領土化を通じてわれわれが思考することを課せられているのは、文明間の関係（紛争や衝突のあるなしにかかわらず）のあらゆる表象を超えたところで、世界そのもの（この表現が持ちうるあらゆる意味に於いて）を揺るがす変化の賭け金／争点となるものは何かということなのだ。

同じ争点を前にして、たとえば仏教や道教といった別の伝統から始めたなら、全く別の方策を見出しうるだろうか。そう信じたい人もいるだろう。だがそれらの伝統は傾向として、まさに夢想的にならないためとはいえ、往々にしてあまりに主意主義的なように見える。もし争点が万人とって同一で、それが「たまたま」西方で形成された合理性を経由しているのであれば、その「理性」の系譜を考慮に入れないわけにはいかないだろう。たとえばわれわれは、万人に認められた法権利のようなものなしで済ますことができるだろうか。商取引に於いてはそれは不可能だろうし、別の領域での、別のかたちの交渉に於いてもそうであろう。だからといってさまざまな「人権」が、同じ「啓蒙思想」によって構想された同じ「人間」のみにいつまでも関わり続けると言っているのではない。しかしながら、それらの権利はひとつの人類／人間性へと送り返されるのだ。その人類の偶発的で捉えようがないと同時に無限である性質を、われわれはもっと突き詰めて考えなければならない。いずれにせよ私は、ヨーロッパの古びたヒューマニズムが自身について自問するというその地点からしか、話を始めることができないのである。

II

世界のただ中に

Au milieu du monde

大光臨《マンドルラ》
虚無が。
アーモンドの中に――何がアーモンドの中にあるのだろう？
それは虚無、アーモンドの中にあり、自らを保つのは。(1)
それはそこにあり、あり続ける。

キリスト教――何故？ *Christianisme — pourquoi ?*

なぜキリスト教について語るのか？

実は私はキリスト教についてはできるだけ話したくないのだ。その名とそれに纏わる典拠のコーパス全体が消えゆくことを望んでもいる――その総体（身体）はすでにかなり消えてしまっているか、あるいは生気を失っているが。だが私は、キリスト教という名が秘めているであろうそのもっとも固有の運動をたどってみたいのだ。それは宗教からの脱出と無神論的世界の拡大という運動である。

この世界、われわれの世界、最近まで「西洋」と呼ばれた文明の世界（そのような文明として区別されるのは、そういう言葉が過去の遺物として残っているからか、あるいはそういう切れ目がある――といってもそこでの「東洋／西洋」の区別はわずかな部分にしか関わらないが――からでしかもはやないのだが）、この世界はまず「キリスト教圏」として偶然に構築されたわけではない。キリスト教というのは単なるひとつの宗教以上のものであった。それは地中海沿岸地域の神経分布であり、法と都市国家と理性という形態的かつ生理的システムが配置されたのち、そこにはキリスト教という神経系が求められていたのである。その三つのシステム――法、都市国家、理性（そこに芸術を加えることもできよう）――が示し、また立ち向かっていたのは、存在することの土台に於ける確証が消滅したということであった。つまり、神々の現前と言うべきものへの確信が失われたということである。古代ギリシャ人というのはその神々の現前が提示されたまさにそのとき、その不在を感知した人々だった。(2)

さらに別の言い方をしてみることで、キリスト教の本質的な特徴に迫ってみよう。ギリシャ‐ローマ世界というのは、死すべき存在としての人間の世界であった。死とはそこでは取り返しのつかないものであり、たとえそれを栄光や解放として考えようとしてみたところで、死は生と相容れない対極であった。他の文化に於いては、死はつねにもうひとつの（別の）生として捉えられ、それは生とは異なるものであってもそれに近接し、得体の知れないものでありながらいろいろな面で生と両立しうるものであった。しかしギリシャ‐ローマ世界では、取り返しようがなく相容れないものである死は、生を襲う不幸であった。ところがキリスト教はユダヤ教のある局面を解釈し直すことで、死を生の真実として提示し、その生そのもののうちに死という差異を開く。それによって生は不滅で「救済された」ものとされていくのである。(3)

生が救済されうる、そればかりか確かに救済されるのだということは、数多のやり方で表現された。たとえば殉死や、苦行や、神秘思想によって。自然を支配し統御することによって。冒険や企て、幸福の追求によって。「人類の解放」によって…。この「救済」がわれわれにとってまだ有しているかもしれない意味合いについては後でまた触れることになるだろう。いずれにしても、「永遠の生」と呼ばれたものをめぐって文明の転機が生じ、それが「西洋」のエネルギーを更新したことは間違いない。ところで**永遠の生**とは際限なく引き延ばされた生のことではない。それは時間そのものの流れの中で、時間を免れた生のことである。古代の人間の生はその生きる時間によって測られる生であった。また他の文化に於いては、生はつねに死者の生と関わり続けるものであった。それに対しキリスト教的生は、時間の中に於いて時間の外を生きるのである。というのもアドラシオンもまた時間の外部（純粋な瞬間、持続の停止、意味の中断としての真理）との関わりとして特徴付けられるからである。

しかし「救済」というモティーフに戻る前にここで、「「キリスト教」とは、世界の中で世界の外を生きることである」という命題の中身を定めなければならない。この件に関しての最良の証人であるニーチェは、このことを完璧に理解していた。あらゆる「背後世界」を蔑視する彼は、キリスト教（少なくとも、いかなる福音書、いかなる教会にも専有されていないキリスト教）の本質は、世界の**一部となる**ことなく世界内に存在すること être au monde sans être *du* monde であると知っていた。それはすなわち、固有性／内属性 inhérence や所与（それを「現実」とみなそうが、逆に単なる「見かけ」とみなそうが）に加入／信奉することに満足せずに世界内に存在するということである。ニーチェに於ける有名な二つの例、すなわち綱の上の踊り手と骰子で遊ぶ子どもという譬えは、彼自身がキリスト教の「核心での経験」と主張したことがあるものをうまく示している。両者とも世界と関わるが、その世界は包括的な所与としての世界ではない。彼らが関わるのは、世界に於いて開かれや断層や深淵をなすもの、戯れあるいはリスクをなすものなのだ。

「世界の中での世界の外の生／世界の中で世界の外を生きること」とは、「キリスト教」を示す表現にとどまるものではなく、それは先に引用したウィトゲンシュタインの「世界の意味は世界の外にある」**にも呼応している。勿論、ウィトゲンシュタインはここで何らかの「別の世界」の表象なり概念なりに訴えているわけでは全くない。彼は外部というものは世界のただ中で思考され把握されるべきであると言っているのだ。

このようにニーチェやウィトゲンシュタインによって示されていることは、他にもさまざまなかたち

＊綱の上の踊り手と骰子で遊ぶ子ども　ニーチェの『ツァラトゥストラはかく語りき』に登場する綱渡り師（『ツァラトゥストラ』のフランス語訳では「綱渡りの踊り手 danseur de corde」と呼ばれている）は、動物と超人のあいだの深淵に張り渡された綱の上をリスクを冒しながら進む人間の象徴である（また『喜ばしき知恵』347節でも、深淵に臨んで踊る者という表現が自由精神の譬えとして用いられている）。一方『悲劇の誕生』でニーチェは、ヘラクレイトスに於いて世界形成の力は子どもの遊戯に譬えられると述べていた。ここで示唆されている「人生は骰子遊びをする子どもである。主権は子どもの手中にある」というヘラクレイトスの一節（ヘルマン・ディール版断片52）については、子どもは将棋の駒で遊んでいるなど多様な解釈があるが、ニーチェは遊戯を哲学者の姿にも結びつけることがあり、その遊戯の原型としては骰子遊びがイメージされている。『ツァラトゥストラはかく語りき』第三部「七つの封印」を参照。

＊＊「世界の意味は世界の外にある」　L. Wittgenstein, *Tractacus logico-philosophicus*, 6.41（ルートヴィヒ・ウィトゲンシュタイン『論理哲学論考』ウィトゲンシュタイン全集1、奥雅博訳、大修館書店、一九七五、6・41、一一六頁）。ここでナンシーが「先に引用した」と述べているのは、『脱閉域』での引用のことであろう（ジャン＝リュック・ナンシー『脱閉域――キリスト教の脱構築1』前掲書、一七頁）。この表現とその変奏はナンシーの著作のあちこちに見受けられ、本書でも何度も言及されている。とくに本書第Ⅳ章の原註21を参照。

で示されている。「キリスト教の精神」（ヘーゲルを引用するなら）は、まさに西洋の精神に他ならないのだ。西洋とは（繰り返すが、それは今やもう明確な境界を持たない）、世界に存在することの一様態であり、それは世界の意味が世界そのもののうちで、世界自身にとっての隔たりとして開かれるというそんな様態なのである。その様態は、意味が世界に於いて途切れることなく流通する（死があらたな生として続く）ような様態とも、また意味が生という狭い間隔に限定され、その生が死によって無意味へと追い払われてしまう（その無意味と化す瞬間が悲劇の閃光で輝くことがあるにしても）ような様態とも異なる。確かに西洋の存在様態は、世界が世界自体の大きく空いた裂孔に他ならないものへと開かれるときに意味が完全に消滅してしまうかもしれないという重大な危険を孕んでいる。だがまさにそのことをわれわれは配慮しようとしているのである。

まずは生と死のあいだの途切れることのない循環があり、次いで死すべき生である人間の悲劇が祀られてきた。そこについに――「古代」すなわち「西洋」の最初の時代を終焉させるために――生じたのは、ある歴史家の表現を借りるなら「古代後期のあらゆる思想家――異教徒もユダヤ教徒もキリスト教徒も――が見て取った、「すぐれた世界」〔あの世〕と「劣った世界」〔この世〕のあいだの途方もない断絶」(4)であった。

今の時点では次のことを言っておこう。「キリスト教」はこの「途方もない断絶」という主題を展開し転調することになったのだ。そしてそこから、われわれの文明の内的な構造が生まれる。それは「世俗的」で、無神論的で、その目的が際限なく分散していくような文明である。われわれはもうずっと前にキリスト教圏から出てしまっているが、この文明構造はそのことを如実に証している。したがって関心を持つべきは、いわゆるキリスト教それ自体ではないし、キリスト教の信仰告白が示す意味に於ける宗教的、道徳的、霊的、救済的な徳といったものから見たキリスト教についてでもない。結局われわれは、キリスト教の残滓が消えていくのを見届けようとしているのである。それゆえわれわれは、キリスト教は自ら脱構築していくと主張できるのだ。

しかしそれは脱構築しながら、われわれの思想の閉域を開くであろう。啓蒙の理性、次いで世界の完全な進歩を標榜する理性が、あらゆる次元での「外部」を受け入れるべきでないと判断し自閉したまさにそこで、囲いを破るべきなのだ。そこで理解しなければならないのは、無限の外部と**まさにここで**関わるための推進力や欲動は、理性から、そして理性によってもたらされるということである（欲動というこの理性の衝動 *Trieb* の価値をカントは認めようとしていた）。キリスト教の脱構築とは、理性を自らの理性そのものに、さらにはその反 - 理性 *déraison* にまでも開くことを意味しているのだ。

*

ここで、西洋の一神教の他の支流と、また直接的にではないが仏教について、もう一言付け加えておこう。

私がキリスト教について述べることによって、キリスト教に優位が与えられたり、それが何らかの宗教番付の筆頭に位置付けられたりするわけではない。それどころかここで結局示されるのは、キリスト教はむしろ宗教の中でもっとも不利な立場にあり、宗教としてのエネルギー、すなわち生から死そして回帰への連続した意味をもたらすエネルギーをうまくとどめることができないということなのだ。ここまで述べてきたことに同意してもらえるならの話だが、キリスト教がこの約六世紀のあいだ――もっとずっと前からかもしれない――、かくも一貫してしかも非可逆的に、脱神聖化され、脱神話化され、世俗化し続けてきたのは偶然ではない（あるいは、キリスト教らしきものができたときから、それは脱構築そして脱閉域を開始したと言うべきだろうか）。

「キリスト教」というのはここでは「われわれ」にとって、ひとつの――それもごく暫定的な――名前にすぎない。つまり「われわれ」に「世界の中で世界の外に存在すること」を担わせるための名なのだ。「われわれ」は世界の全体を〔西洋という〕「文明」へともたらした。その文明はフロイトが言うような「不安」を覚えているだけではなく、今や「文明」である代わりに不安そのものであると自覚している。なぜ不安かと言えば、われわれはいかなる点で「文明人」であると言えるのか、あるいはその語が何を示すべきなのかさえ、もうわからなくなっているのだから。われわれはもはや、西洋文明は野蛮として生じたのかどうかわからないのだ。

ある時期われわれは、キリスト教は西洋の病であったと考えた。そして理性がその病を治してくれると信じただけでなく、キリスト教がその到来を告げながら約束を守らなかったものが理性によってついに開花すると期待していた。すなわち友愛のうちでの正義、富の分配と共通の目的における平等、唯一の個として選ばれることと隣人愛、などである。実は、「人間性」と名付けられてきたもの――この語はことばを語る者という種と、理性的存在という理想の両方を同時に示している――は全て、生そのものの中、そしてその死の中に開かれている別の生を保証するものとしてのキリスト教から発しているのだ。

今日われわれが理解しているのは、不安や病があるにせよ、ひとつの宗教としての所業が西洋という身体を蝕んだのではないということである。病気だとしたら西洋という身体そのものが病んでいるのであり、その全体に於いて――それは今や人類全体に拡大し、さらには天と地の総体にまで行き渡っているのだが――手当てをする、つまり治癒、転換／回心、変貌、移植、変異といった用語でもって思考しなければならないのだ。キリスト教から、われわれを懐胎しわれわれを生み出したものを引き出さなければならない。そしてもし可能なら、宗教的な事柄の基盤よりもっと深い奥底から、宗教というかたちを取りながら宗教としては知り得なかったことを引き出さなければならない。

*

というわけで、私はキリスト教、ユダヤ教、イスラム教そして仏教をいかなる意味でも競わせるつもりは全くない。だがキリスト教のみが「西洋」として生じ、それのみが西洋で宗教的特徴を変質させ、その宗教としての力を風化させたのだ――いい面でも悪い面でも――。他の三つの宗教については、それらの精髄や、それらがいかに人類の思想や繁栄に貢献してきたかを疑う余地はない。しかもその三つは、「文明」のプロセスからは距離を置いていたとも言えるのだ。つまりそこに（ほとんど）巻き込まれなかったか、あるいは宗教的起源からは切り離されたものを活気としてそこに少しずつ注ぎ込んで文明を養っていったのだろう（アラブの学問や哲学、ことばと肉体に関するユダヤの省察、解脱と慈悲という仏教の規律のように)。

宗教的起源や戒律から離れるとは、生の全き外部あるいは生の延長としての死とのあらゆる関わり方からも離れるということであった。それは生にとっての他が生そのもののうちに、そして生に向かって開かれるという可能性を受け入れることであった。そしてそれは、開かれるのは深淵のみで生はそこに呑み込まれてしまうかもしれないというリスクを覚悟することであり、以来われわれはそのリスクを抱えたままである。もっとも宗教としてのキリスト教は、そのような開かれの宣託を一義的に交付したわけではない。というのは、キリスト教は来世に於ける生をも約束していたし、また聖徒の交わり*のうちに死者たちと結びつくことも示唆していたからである。宗教としてのキリスト教は、諸宗教のあらゆる特徴を混在させた。他の宗教はその混在に気付きそれを指摘していたし、キリスト教の内部からもそれを告発する声が上がった。実はキリスト教は聖なる交わりや宗教的戒律をつねに作り直してきたのだが、それは**宗教**としての運命がそこにかかっていたからである（キリスト教はそもそも、救済の審級そしてその制度としての「宗教」というステイタスを発明し、それによって市民宗教とも哲学的無神論とも一線を画そうとしていただけに、その点が重要だったのである)。生から死への関係を結び直そうとするさまざまな教義内容やあらゆる宗教色についてひとつひとつ検討し始めたらきりがないであろう。それらによってキリスト教は「生の真っただ中に開かれた死」(それこそ「世界の中で世界の外を生きること」[5]の別名なのだが）からも、生とは相容れないギリシャ悲劇的な死からも、顔を背けようとしてきたのだ。そのことがはっきり見て取れるキリスト教の局面が幾つかある。たとえばギリシャ正教の伝統の幾つかの特徴や、ローマカトリックの伝統が有するもっとも秘技的で魔術的な面（秘跡や聖職者の権威）、あるいはさまざまな厳正主義などがそれである。そこかしこにいろいろなやり方で重視されたのはいつも、現世の代償となる来世の生という約束そして／あるいは計算であって、今ここでの生を突如開くような侵入、この世界の中に大きく口を開いた「世界‐の‐外」ではなかったのである。

ここで正確を期しておいてもいいだろう。われわれはよく「この世界（この世）」つまりこちら側の世界、「現世」「俗界」というような言い方をするが、それは西洋に固有の言い方である。聖書的な意味での「肉」によってであれ、プラトン的な「感覚世界」によってであれ**――それらの違いはここでは無視するが――、二つの「世界」、性質の異なる二つの領域あるいは制度《レジーム》の可能性が与えられたのである。それまでは、天と地、神々の住処と人間の住処――それらがいかにかけ離れていようと――とが共に属するこの唯一の総体しかなかったのだ（あるいは、「この世界」がまだ完全に「世界化」していない場合は、いまだにそれしかないのだが）。しかし「この世界」と言うからにはもうひとつ別の世界があるということである。それは彼岸つまり神々や悪魔の距離のところにもうひとつの「別の生」があるというよりはむしろ、あらゆる事物や生あるいは存在についての全く別の秩序や配置や構成があるということである。「この世界」と言う以上、ある意味で、存在者の全体性というものはもはやなくなり、また全体が幾つかの領域に分かれ内的に分配されているということももはやない。あるいはそのような「全

***聖徒の交わり**　使徒信条《クレド》（信徒が唱える信仰告白）に出てくる言葉。諸聖人の通功とも言う。キリスト教の信徒は信者どうしだけでなく、（死者である）聖人とも結びつくとされる。

****～によってであれ**　聖書では、人間の被造物としての状態、地上的起源を指して「肉」と呼ぶ。対立する天上的なものは「霊」である。一方プラトンは「感覚世界」と、魂や知性によってのみ認識できる「イデアの世界」を区別した。

体」があるとしても、それはそれ自体に於いて開かれているのだ。それはそれ自身として完全に一貫し、外部を持たないものでありながら、同時に開かれている。彼岸は実はこちら側にあるのだ。

＊

したがって、キリスト教の自己‐脱構築の運動に極限まで追随してみると同時に、それと対称的に連動する理性の脱閉域を強化しなければならない。といってもそれはキリスト教の精神や、ヨーロッパあるいは西洋の精神へと回帰することではない。それどころか、あらゆる「回帰」、なかでももっとも重苦しい脅威である「宗教的なものへの回帰」を拒みつつ、この文明を発明したものをさらに追ってみなければならない。この文明は今や世界化し、すでに失われたかもしれないし、終着点に達しもはや前途などないかもしれない。だがもしかしたら別のかたちの冒険が可能かもしれないのだ。そしてこの発明は、神なき世界の発明であり、そこには意味の保証がないということだが、しかしそれは死の欲望もない世界なのだ。

それはおそらく、キリストもソクラテスもなしの世界ということでもあろう。しかしソクラテスやキリストの根本に保たれている、彼らよりも強力なものが必要なのだ。それは世界の内で世界の外に存在する能力であり、今ここの生のただ中で別の生を敬意を持って迎える／讃える saluer ために必要な力と柔和さである（saluer といっても救済するという意味ではなく、デリダの言う「サリュ！ Salut !」である）。

神の息子や分身ではない他者、人の子、人間中心主義にとっての人間を、敬意を持って迎え入れることsaluer。他者、そう、同のただ中に開かれている他、同じ人間である他者。そして同じ世界である別の世界。さらには、人間ではない他、世界ではない他を迎え入れること。

しかし、迎え入れるのは「今、ここで」なのだ。なぜなら世界の**中**にある世界の外部とは、対立とか切れ目という意味での「外」ではなく、世界に属している開かれという意味なのだから。それは口が身体に属しているのと同じである。というより口は、食べたり話したりする身体であり、あるいはそうした身体をなしているのだ。他の開口部がそれによって呼吸し、音を聞き、ものを見、排泄する身体をなしているのと同じように。こういったあらゆるやり方で、外が身体を貫き、そしてまさにそのことによって身体は**身体**、すなわち魂の露呈／外 - 措定 exposition d'une âme なのだ。このように今度はわれわれの身体全体が世界への開かれとなり、それは開かれている他の身体、動物や植物の身体についても同様である。それらも全て、迎え入れることsaluerができるのだ。

キリスト教――無神論 *Christianisme — athée*

この世を継承するようなあらゆる類いの彼方の世界、という慰めの手段の否定として無神論を捉えるのであれば、その可能性はキリスト教の起源に書き込まれていた。それはまさに、キリスト教が本質的には宗教（のみ）ではないからであり、あるいはキリスト教は、自身が創始した宗教を最初から自身の手で攪乱し動揺させてしまったからなのだ。その無神論の可能性は二つの特徴を持つ。

［1］一方でキリスト教は、神的な他性あるいは別の生 l'autre vie の「この世、現世 ici-bas」での現前を主張することで創始された。すなわち死の後にではなく、死のうちにということである。まさに今、ラザロは起き上がらなければならないし、キリストが起き上がるのも今なのだ。「この世」というのは、そこから「あの世、彼方 au-delà」へと懇願や希望を差し向けるような場ではない。どんなトーンであろうと、アドラシオンは「ここ」から発し、いかなる「他処《よそ》」でもなく「ここ」を開く。

［2］他方、このような主張に於いてキリスト教は哲学の主張を再開することになる。ソクラテスの死は別の世界への移行ではなく、まさにこの世界の真理を開くものだったのだから。「イデアの世界」はまだ宗教的意味合いを纏っていて、それは「（単数の）神の」世界を示していた（*ho theos*――単数形の神――は当時のギリシャ人には耳慣れない言い方であった。しかしやがてプラトンに於いてその単数形の神が、それまでの神々の名を、神々の住まい――人間の住処とは異なる――を語る神話とともに一掃することになる）。だがその単数形の「神 dieu」は比喩的な意味によってしか、他処《よそ》／彼方 ailleurs にいない。それはその名を口にする者の**まさにここ** ici même に存する。

その意味で、ソクラテスとキリストは同一なのだ。彼らの死は世界のただ中で開かれ、同時にこの世界の真相を開いたのだから。その真相とは、外部がまさにここに現前することである。その外部を「神的な divin」と呼んでもいいが、いずれにせよ「真の」ものであることには間違いない。すなわちそれは、天国やどこか彼岸の住処にあるとされる最終的「意味」とやらの際限なき探求を頓挫させるのだ(6)。

キリスト教を無神論とみなすことは何ら珍しいことではない。ユダヤ教やイスラム教でさえときにはそう言われるし、もちろん仏教についても同じである（仏教は「神なき宗教」とつねに言われるが、かといって仏教そのものの中にブッダその人や他の聖人を神格化しようという傾向がなかったわけではない）。ある宗教を無神論とみなすというのは昔から繰り返されてきたことであり、その複雑な背景をここでたどり直せば長い話になるだろう。だがとにかくこれらの偉大な宗教を貫く一種の無神論のベクトルのようなものが確かにあるのだ。それらの宗教が宗教であるがゆえにそういうベクトルがあるということではない。大きな尺度で見ればそれらの宗教の出現は、人身御供の終焉ならびに世界史上での西洋の転換期と時期を同じくしていた。ということは、無神論がそれ自体として表明されたものとしての哲学の転換期とも重なっている。したがってそれらの宗教は「神的なもの」の全面的な改鑄に立ち会っていたのである。その改革の深い原動力は、「神的なもの」は無理だとしても少なくとも「（一神教の）神Dieu」の廃絶へと向かっていくのだ。

そのような改革の動きが明白で、これらの宗教が持つ無神論的伝統あるいはもともと無神論に向かうような傾向が証明されたとしても、人々はあくまでも見て見ぬ振りをする。さらに、最近やたらに増えてきた、宗教的要素を再生し再評価しようという試みの大部分も、その点に関しては無視したり回避し

＊ラザロは起き上がらなければならない　ラザロは新約聖書の登場人物。病気で亡くなり埋葬されたが、イエスが「ラザロ、出てきなさい」と声をかけると、起き上がり墓から出てきたとされる（『ヨハネによる福音書』第11章）。この奇跡を起こす前にイエスは、ラザロの姉マルタに「あなたの兄弟はよみがえるだろう」と言う。マルタは「終わりの日のよみがえりの時によみがえる」と終末論的に解釈する。しかしイエスが語っていた復活はあの世でのことではなく「今ここ」の出来事だったのである。

ようとしている。それゆえ私は次のことを強調しなければならない。すなわち、**キリスト教の持つ無神論的傾向**（他の宗教にもその傾向はあるが、ここではキリスト教に話を限定する。理由は以下に述べる）**を理解しそれを際立たせることによってのみ、私が理性の脱閉域として示すものの思考への道が開かれる**ということを。

したがって私は「キリスト教」を、それによって「神」が消されること、あるいは自ら消え去ることを求めているような思考の構えとみなす。おそらくこのような定義は、神学的ならびに霊的真理として示される内容にはほとんどそぐわないものであろう。しかしながらこの定義には、それらの神学的説明に帰さないようなものは何ひとつないのだ。ただしそれらの教理から、それらが有しながらも隠し、さらには溶解させてしまっている「塩」を抽出することができるならば、の話だが。そして重要なのはまさに、**地の塩**[*]の妙味が失われ味気なくなっていかないようにすることなのだ。地の塩とはまさに、この世の存在、そしてこの世に存在することに味わいを与えるものである。味わい、風味、美質、値打ち、価値、そして意味を。

消えてゆく神とは、ヨブにとってそうであったように神が不在であるということだけではない。またムハンマド[**]にとってそうであったように、神がこの世でのあらゆるアナロジーを拒み続けるということだけでもない。それはまた、人間になった神のことでもある。神は自らの神性を放棄し、死にゆく定めを持つ人間の状況にまで陥る。それはまた、死から再び脱するためではなく、死のうちに不死を啓示するためである。そして示されたのはまさしく**死者の**不死性であった。死のうちに、（存在することの）意味が最終的に停止され、宙吊りになったその意味の破片／輝きが永遠に結晶化する。そのことは死の苦痛を、ましてや他者が死ぬのを見送る悲痛を軽減しはしない。それは喪の感情を取り除いてもくれないし、喪の「作業」の完遂というかたちで解決してもくれない。しかしそのことが同時に、死者の絶対的な唯一性をはっきりと示すのである。

だが神が人間のうちに「降臨」し、また「立ち退いて／空虚化して se vider」いった（パウロの言うケノーシスである）***としても、だからといって人間が神格化されるわけではない。事態は全く逆である。神は人間のうちで自らを消すのだから、人間はその消え去りなのだ。すなわち人間は、神的なものが退隠し空になり放棄された後の、触れることも感知することもできない痕跡であり名残である。人間は神の放棄 **l'abandon du dieu である**。人間に残された痕跡、人間それ自身である痕跡が、人間をこの放棄の徴として構成する。その徴は、**神の消滅が世界の意味である**ということを示しているのだ。それは「（大文字の）名」そして完遂した「（大文字の）意味」の消滅である。唯一の名の消滅（傾向として、もっとも偉大な名でさえも消えゆく運命にあり、すでに消えて書物の名となった）は、唯一の存在を名付け

***地の塩**　新約聖書の「山上の垂訓」に出てくる表現。「あなた方は地の塩である。だが塩に塩気がなくなれば、その塩は何によって塩味が付けられよう。もはや、何の役にも立たず、外に投げ捨てられ、人々に踏みつけられるだけである」（『マタイによる福音書』5－13）。

****ムハンマド**（570?–632）　イスラム教の開祖。アッラーの啓示を受けた預言者として布教を開始する。

*****ケノーシス**　神の子が神の声に聞き従い、自己無化／自己放棄する（自らの神性を空虚にする）こと。パウロの『フィリピの信徒への手紙』2－6～8、「キリストは、神のかたちであられたが、神と等しくあることを固守すべきこととは思わず、かえって、自分を無として僕のかたちを取り、人間の姿になられた。その有様は人と異ならず、おのれを低くして、死に至るまで、しかも十字架の死に至るまで従順であられた」に依拠する。

ることを標榜するあらゆる名の消滅を包含している（こうしてアッラーの一〇〇番めの名*は沈黙となるのだ）。

だが消滅だけではない。キリスト教はさらなるものを望むのだ。神の不在、その無限の隔たりのうちにとどまるのではなく、神は「われわれのあいだに」あると主張するのである。言い換えれば、神は「彼自身」が**あいだ**なのだ。神はわれわれにとっての「**共に** l'avec」「**あいだに** l'entre」である。そしてその「**共に**」「**あいだに**」はわれわれそのものなのだ。**われわれ**が、世界を定義している近接 proximité のうちにあるその限りに於いて。世界とはイコール、全ての近しい者、互いに近しい隣人のことである。それによって、人々は他の何でもなく、近しい他者たちと互いに関わり合う。「神」とはすなわち、全ての存在者の関わりを、つまり**世界**を、そのもっとも十全な意味に於いて示す名であったのだ。

そのために、「神」はもうひとつ別のやり方でも姿を消す。すなわち三位一体**によってである。それは三人の神とか三つの頭を持った神ということではない。ここで問題なのは、神は関係性であるということに尽きる。神とはそれ自身の関係であるが、その関係とは自己への再帰的関係ではなく、自己原因aséité でも自己性 ipséité でもなく、**自分自身と**関わる se rapporter わけでもない。それはただ、絶対的に、**関係付ける** rapporter のだ。三者からなる構造あるいは様相は、一者から他者に向かう際、両者にとっての他を経る。それが二者の**あいだ**の関わりである。一方でも他方でもない第三者、それは息吹であり霊（精神）であり、また意味である（その二者が「父」と「子（息子）」であるとしても、家父長的である必要性などいささかもない。父と息子、それは一方が他方の後に来ること、生と死、近さと隔たりを意味している。それは「われわれ」の在り方を述べるひとつの言い方にすぎない。そしてそもそも、「われわれ」とは人間だけではなく、あらゆる存在者としての「われわれ」、われわれという世界、われわれという神なき世界を示しているのだ）。

そのことを一言で言えば、要するにキリスト教の「神」は無神論 athée だということである。というのは athée とは「神」の非 - 措定 non-position を意味するからである。それは、あれこれの特性（全ての特性の完成形というのも含め）を担った「存在」あるいは「主体」として措定されうるあらゆる神の廃位／脱措定 déposition ということである。然るにキリスト教の「神」（そのように呼べるとすればの話だが）は措定されないし、自己措定することさえない。神が措かれる地面も地位／席もない。そのための世界も彼方の世界もない。あるのは意味の開かれであり、それが世界の間隔化 espacement をなし、世界の世界自身との関係をなしている。

こうして世界のうちに、ある他処、ある外が開かれる。あるいはむしろ、それらが世界を世界自身へと開き、世界をそのものとして、つまり**世界**として開くと言った方がいいだろう。しかしこの他処や外はここに——今ここに *hic et nunc*——あるのだ。なぜならそれは「ここ」そのものの自身に対する超過、すなわち「ここ」の単なる措定に対する超過なのだから。神を措定しないということは、世界あるいは

＊アッラーの一〇〇番めの名　『コーラン』（『クルアーン』とも呼ばれる。ムハンマドが聞いた神のことばを書き留めたもの、イスラムの聖典）には九九の名前が書かれており、一〇〇番めの名は真の名であるとして人間には明かされていないという。

＊＊三位一体　神という唯一存在のうちに、父と子と聖霊の三位格が存在するという教理。位格《ペルソナ》 persona とはもともと、「音を響き渡らせるもの、共鳴させるもの」という意味である。三位格は共鳴し合って結びつき一体をなすのである。

存在者一般を措定しないということである。世界は措定されるのではなく、**与えられる**。しかも無から始めて、そして無に向かって／無のために／何のためにでもなく与えられるのだ。

「与えられること／所与 donné」と「無あるいは与えられないこと rien ou non-donné」というのが対立するのであって、所与 donné と贈与者 donateur が対立するのではない。なぜなら後者の対立は贈与者自身の贈与 donation へと遡ることになるからである。レヴィ＝ストロースは次のように言っている。「基本的対立は［…］存在と非‐存在のあいだに［…］ある。人間の歴史と不可分な精神の努力、それは宇宙の舞台からのその消滅によってしか止むことはないが、二つの矛盾する明証性を受け入れることを人間に強制する。その矛盾の衝突によって思考は揺さぶられ始動する」(7)。思考の最初の始動（震動）は、神話の構築のそれであり、レヴィ＝ストロースの論はそれを対象としている。しかし基本的対立（天と地、夜と昼といった）から派生する諸対立を描く神話は、事後的に、世界と無とのあいだの対立に直面することへと至るのである。その世界とはさまざまな記号、体系、コード、技術物のネットワークによってわれわれが多元的に決定した世界であり、無――何でもないもの――とは自然という起源の無、そして技術が向かう行き先の無である。そして世界と無とのあいだで、われわれの思考があらたに始動するのだ。

この**無から始めて、そして無に向かって／無のために／何のためにでもなく** à partir de rien et pour rien ということを引き受けることが重要なのだ。それこそが無神論であり、それはキリスト教的西洋が生み出し世界中に広めた（あちこちに四散し、元の姿を失いながら）ものの厳密な論理的帰結なのである。そこにあるのは見事な両価性である。一方でそれはニヒリズムになりうる。しかし他方ではそれは意味そのもの、すなわち意味は外に与えられる／自らを外に与えるということの意味となりうるのだ。

無神論でさえなく　*Pas même athéisme*

キリスト教はこのようにもっともきわどくもっとも高揚させる意味の関係、すなわち世界の非‐措定つまり非‐存在 né-ant へとわれわれを露呈させるような関係の可能性を開陳した。非‐存在へと露呈させるとは、存在せず措定もされないが与えられる donné ものへ露呈させること、誰によっても、いかなる贈与者によっても与えられたわけではないのに、それでいて無償で寛容に委ねられたものとしての贈与 don の実質によってそれ自体で綿密に織り上げられているものへと露呈させるということである。しかしそのことを理解するだけでは十分ではない。

キリスト教はそれ自身で無神論へと変貌するよう運命付けられていた――キリスト教の神は完全な廃位／脱措定 déposition への道をすでに開いていたから、全てを語りあるいは全てを与えたのである。だがそのことを理解するだけでは十分ではないのだ。さらに理解しなければならないのは、キリスト教のこの運動は単なる変貌以上のものをめざすということである。それはキリスト教主義から無神論主義へ、別の「主義《イズム》」に宗旨替えすることではない。ポストキリスト教とか、何らかの「リニューアル」といったものも存在しない。

あるいは「無神論主義」というものは存在さえしない。「無神論／神の否定 athée**」だけでは十分ではないのだ。原理の措定** position de principe **こそ、空虚化されなければならない。神が不在であるとか、退**

隠するとかあるいは神は共約不可能であるとか言うだけでは不十分なのだ。さらには、神の座にそれに代わる原理――人間、理性、社会といったものを据えることが問題なのでもない。大事なのは、世界は無に基づいている、そしてそれが世界の意味の核心である、ということに向かい合っていくことなのだ。

この点に於いて、理性というものがもっともあからさまに関わってくる。無神論というのは本質的に、ひとつの理性を一人の神に置き換えることであったからである。だが実際のところそれは、世界というもののひとつの理由――原因、原理、目的性――を見出して神に置き換えることだったのだ。なぜなら神自身がひとつの理由、ただしもっとも卓越した理由、しかも全知全能という格別の特性を兼ね備えている理由として考えられていたのだから。そのような神の死（まさにその神のみが死んだのだ、とニーチェも言っている）とは、存在者全体の創設‐創造の必然性と完全性という属性を担ったあらゆる理性の死に他ならない。そのような理性は、無神論者にとっての神のようなものでしかない自身の偶像を立ち上げ、それによって自ら墓穴を掘ることになったことに気付かなかったのだ。

このような世界理性 Raison du Monde と想定されたものが勝ち誇っていたその同じ時代に、ライプニッツによって求められた「充足理由律 principe de raison」（全てのものにはそれであるための十分な理由がある）は、そのようなものとして繰り広げられると**同時に**、自らの不確実性に遭遇しその土台が揺らぐことになった(8)。あるいは次のようにさえ言って構わないだろう。「充足理由律」が厳格な哲学的要請となったのはまさに、そこで構築された合理性のモデルがすでに自らの限界を予感し、さらにはその限界に達してさえいたからなのだ、と。ニュートンの「我仮説を作らず*」という言明が意味していたのはそういうことだったのではないか。すなわち「自分は合理的な自然物理の法則の体系を構築するが、それらの法則によって世界の存在そのものの理由を与え返す（説明する）rendre raison ことが問題なのではない」ということだったのではないか。

そこからカントは教訓を引き出し、彼が「悟性 entendement」（認識的理性 raison cognitive）と名付けるものの範囲を画定し、「神の存在証明」すなわち世界の第一理由を明証化するための、想定しうるあらゆる合理性を無効とした。こうして席がひとつ空となったわけだが、その場は多くの代わりの審級、たとえば精神が展開したものとしてのヘーゲル的理性などによって占められることになった。しかしまさにヘーゲル以後、そして彼からのち現代に至るまでに明確になったのは、**空いたその席を他のものによって占拠してはならない**ということである。

さまざまな唯物論、実証主義、科学主義、非合理主義、ファシズムあるいは集産主義、功利主義、個人主義、歴史主義、民主主義、法律万能主義、そしてあらゆる相対主義、懐疑主義、論理主義は言うに及ばず、これらは（全て然るべく無神論である）その席を占拠するための試み（取るに足らないものもあれば、恐るべきものもあったが）であった。もっとも、どの試みも多かれ少なかれそんな素振りは見せまいとしていた――そうすべきではないということはやはり少しは意識されていたのだ。

そして今またあらたに、それはわれわれの責任でもある。すなわちその場所を空席のままにしておくこと。あるいは、「与え返された理性／理由／説明 raison rendue」、土台、起源そして目的といったものの審級や問題が占めるべき場など、もはや残さないようにすること。**神のための場はもはや残さず**――

＊**「我仮説を作らず」** アイザック・ニュートン『プリンシピア――自然哲学の数学的諸原理』にある表現。

そしてそのようにして、ある開かれが開かれうるようにすること。その開かれを「神的な」ものと言うべきか否かは議論の余地があるだろう。

イスラエル——イスラム　*Israël — islam*

このようにキリスト教をそれ自身の外に、無神論を越えたところにまで引きずり出したことで、西洋の他の二つの一神教に関しては、それらの一致点を取り上げながらも、その二つの宗教をその支配力という点でも、また私の試論に於ける関心という点でも、下位に位置付けているような印象を与えたかもしれない。

一方で、私が確かに主張しているのは——それは明白なのだ——、ユダヤ教、キリスト教、イスラム教という三重の一神教はその深く秘められた結びつきに於いて、先程述べた「世界は無に基づく」という宗教にとっては矛盾した確信を有しているということである。世界は無に基づく。支柱もないし、亀の上に載っているわけでも大洋に囲まれているわけでもない。深淵がぽっかり口を開けているわけでもない。なぜなら世界そのものがあらゆる種類の背後世界を呑み込む裂け目なのだから。世界は絶対的な奇異そのものである。それは現実という奇異であり、つなぎ止めるものを全く欠いた異常や例外の手応えある現実なのだ。そのことを示すのにそれぞれの神はそれぞれの言い方で言った。ユダヤの神は「聞け！」と言い、キリスト教の神は「愛せよ！」と言い、イスラムの神は「読め！」と言ったのだ。勿論このように極端な省略でそれぞれの一神教を要約しようというつもりは毛頭ない。ただここで示唆したいのは、それぞれの神は何かを措定したり創設しようとしているのではなく、全く別のことをしているということである。この三重の唯一神はまずは世界を作った神として現れたのではなく（そしていずれにせよ、神は世界を無からなす。つまり土台も材料もなしにである。神は世界を作るのではなく、世界が**ある**ように計らうのである）、神はまず、そしてもっぱら、自らを差し向ける／語りかける s'adresser 者だったのである。神とは呼ぶ者、呼びかける者である。それは語り《パロール》の神なのだ。ここではその詳しい意味合いの検討には入らないが、次のことだけは言っておこう。言語というものはその本性ならびに法則上、あらゆる意味作用のずっと手前で、そしてそのはるか彼方へと送られる adressé ものなのだ。崇拝《アドラシオン》はその送ること／語りかけ《アドレス》に応える。というよりむしろ、その語りかけ《アドレス》がそこで反響しているのだ。

だが他方で、私の主張では三つの宗教のうちひとつだけが宗教としては解体し、それ自身で近代世界の文化（そのモラルや法、ヒューマニズムやニヒリズム）のいわば供給システムへと変わっていったのである。ただしここで正確を期しておくと——詳細には立ち入らないが——、キリスト教の支流のひとつのみが、その方向に流れていったのである。それは宗教改革とそこから着想を得たカトリシズムの一部、そしてキリスト教神秘主義の少なくとも一部（とりわけエックハルト*）のことであり、厳密な意味でのローマカトリックや東方正教会のことではない。自ら脱構築し、近代の理性とともに脱閉域の関係

＊エックハルト（1260?–1328?）　中世のキリスト教神学者、神秘思想家。神性の無を説き異端宣告される。

に入ると私が主張するキリスト教とは、諸教会の教理や制度や政治社会的活動の総体と一線を画すだけでなく、さらにはそれらと断絶するようなキリスト教のことである。とはいえそのような断絶は目新しいものではなく、おそらくキリスト教の萌芽のうちにそれは開かれていたのだ（たとえばヤコブとパウロ*のあいだに、あるいはパウロ自身のうちに、そしてまた共観福音書〔マタイ、マルコ、ルカの福音書〕とヨハネによる福音書との差異の中にもそれは開かれていたかもしれない）。そしてその後も時代ごとにそれは見られた（アンセルムス、エックハルト、アッシジのフランチェスコ、フェヌロン。そして勿論、バルト、ブルトマン、ボンヘッファー**に至るまでの偉大な宗教改革者たち。より微妙なところではその潮流はアウグスティヌスやパスカルをも貫いている――これらの名は思いついたものを幾つか挙げたにすぎない）。ここで細かいことにこだわるつもりはない。ただ強調したいのは、キリスト教という宗教が全体として宗教の外、キリスト教の外へと囲いを破っていったわけではないということである。改革派でさえ全体がそうなるには程遠い。改革派内で生じている幾つかの衝突（とりわけ同性愛をめぐるもの）もそのことを示していた。しかしながらこのような〔脱構築の〕傾向が見られるのはキリスト教に特有のことであった。もっとも、それが「キリスト教団」の名のもとで、ある一定の期間に構築し得たものは、その知や法、その拡張ぶり、そのヒューマニズム、その芸術によって、すでに「ヨーロッパ」と呼びうるものだったのだが。

＊

だがキリスト教と他の二つの一神教との比較こそ、われわれに興味深く関わってくるに違いない。宗教としてのユダヤ教とイスラム教を考えればもっともあり得なさそうなことだが、私が上で述べたキリスト教に固有の傾向は、ある意味では、実はユダヤ教とイスラム教の中にも見られるのである。間違いなく、両者はそれぞれ宗教を超過するような思想を有している。すなわち戒律が崇拝《アドラシオン》のうちに散逸していくのである。それぞれの伝統のうちで少なからぬ神秘思想家たちがそのことを証している。しかしながらユダヤ教とイスラム教はつねに宗教であり、さらには非常に豊かで複雑な表象と戒律の体系であり続けているため、それらが「世俗化 sécularisés」(この語の正確な概念がどんなものであれ)されることなどあり得ないように見える。だがそれは、それらの宗教にはキリスト教教会の制度に匹敵

＊ヤコブとパウロ　ここでのヤコブ(「小ヤコブ」)は伝承によればイエスの弟とも呼ばれた人物で、離散している一二部族への書簡を記したとされる。その内容は信の行ない(実践)の重要さを説くものであった。一方もともとユダヤの律法を学んでいたパウロはキリストの死後回心しキリスト信徒となり、異邦人への宣教活動を通じキリスト教理論の基礎を作った。パウロは律法の行ないによってではなく信によって義となると説き、その点でヤコブとパウロの思想は対立すると言われる。ジャン=リュック・ナンシー『脱閉域——キリスト教の脱構築1』前掲書所収「ユダヤ-キリスト教的なるもの(信について)」の章を参照。

＊＊アンセルムス～ボンヘッファー　アンセルムス(1033–1109)はカンタベリー大司教、スコラ学の父と言われる。アッシジのフランチェスコ(1182–1226)はフランシスコ会の設立で知られるカトリック修道士。フランソワ・フェヌロン(1651–1715)はフランスの思想家、静寂主義に共鳴したことで断罪される。小説『テレマックの冒険』の著者としても有名。カール・バルト(1886–1968)はスイスの神学者。ルドルフ・カール・ブルトマン(1884–1976)はドイツの新約聖書学者。ディートリッヒ・ボンヘッファー(1906–1945)はドイツの神学者、反ナチス運動に加わり処刑される。

しうる制度と緊張関係や衝突状態に入るような理由がないからである。ユダヤとイスラムにはそのような「教会」という制度がないことが勿論ここでは重要な役割を果たしているし、そのことはしばしば指摘されている。だがこの不在そのものには理由があるのだ。キリスト教にとっては教会 Eglise を築く――教会として自らの宗教を構築する――ことが喫緊の課題であったが、それはキリスト教が自らをまず「集会 assemblée」（それが Eglise という語の意味である）として構想したためである。教会は権利的にはこの世のどの集会とも異なり、したがってまず政治的あるいは社会政治的な集会とは区別されるものであった。

この点から検討してみることで、三つの一神教の関係性をできるだけ明らかにしてみたい――もちろんユダヤ教の場合とイスラム教の場合では、厳密に異なる二つのやり方で検討しなければならないが。

まずキリスト教とユダヤ教の関係について見てみよう。キリスト教のユダヤ - キリスト教という出自を忘れなければ――そしてある意味で、これから見るようにその関係はずっと続いているのだが――、そこからキリスト教が生じることになるユダヤの潮流とは、二つの「王国 royaumes」の根本的な区別という方向／意味へと向かう流れであったことを想起しなければならない。ユダヤ教はそこで王国の分離という経験をしつつあった――実はそれはずっと前から始まっていたのだが。言い換えれば、それは世界のただ中に於いて「この世のものではない pas de ce monde」ことの経験である。[9] その経験は一方ではキリスト教という形を取るが、何世紀かのうちにそれは曖昧で極めて議論の余地のある形になっていく。そこでは、地上のあらゆる王国や帝国と異なるはずの「教会」が、その運命をさまざまなやり方で幾多の王国や帝国の運命と混じり合わせ、ときには（しばしば）世界に於ける支配者を標榜し自らの宗教に背くことさえあったのだ(10)。だが他方では、その経験はイスラエルの分散という形を取った。ディアスポラ**とは、その「王国」の区別という表明をあらゆる可能な場所――王国であれ帝国であれ――に移送す

＊二つの「王国 royaumes」の根本的な区別　現世での政治形態としての王国と、神の王国（神の御国）との区別のこと。ここで「王国 royaume」と言われているのは、ヘブライ語の「マルフート」、ギリシャ語では「バシレイア」と呼ばれたものを指している。これらの語は領土というよりはむしろ「統治、支配」を意味していた。紀元前二世紀頃に書かれたとされる旧約聖書の『ダニエル書』が示すように、バビロン捕囚以降、ユダヤ人のあいだでは黙示文学的終末願望が流布していた。そこでは悪に満ちた現世と義に満ちた来世が区別され、救世主が現れイスラエルの神の支配、つまりそれまでの人間の歴史とは次元の異なる世が実現するという終末のときが待望されていたのである。原始キリスト教もこの終末思想を背景にして生じた。だがイエスの説いた神の支配とは、神の「恩恵の支配」、すなわち神の恵みが神と人の関わりのうちであまねく行き渡ることを意味し、しかもそれは「今ここで」「われわれのうちに」到来するというものであった。またイエスに於いては、「カエサルのものはカエサルに、神のものは神に」（『マタイによる福音書』22‐21）という有名な言葉に見られるように、世俗社会と内面世界は区別され、いわゆる政教分離が説かれていた。だが彼の死後、宗教としてのキリスト教の成立過程（この時期はローマ軍とユダヤ軍が戦い、ローマに反ユダヤ主義が台頭する時期と重なる）にキリスト教はその生き残りを賭けて、ユダヤ教から受け継いでいた「王国の区別」に背きローマ帝国に接近する。やがてキリスト教はローマの国教となり、神への忠誠と皇帝への忠誠は混同されていくのである。

＊＊ディアスポラ　バビロン捕囚と神殿崩壊以降のユダヤ人の離散状況を指し、現在では一般的に、ある民族が国境を越えて四散している状況についても使われる語。ユダヤ人は信仰の場としての祖国や神殿（つまり地上の王国）を失ったが、離散したのちはその住む場所にかかわらず、独自の法（書かれた言葉）に従って、書物の民としての統合を示そうとしてきた。だが近代になり西洋キリスト教圏が行き着いた国民国家というイデオロギーに於いて、国家や国土を持たないユダヤ民族の在り方は「異端視」され、排斥の対象となっていく。

ることに他ならない（注目すべきは、パウロという人物は、一方ではユダヤ人とギリシャ人そして他の「異国民」との違いを失くそうとし、歴史家が「ユダヤ‐キリスト教的」と呼ぶ小さな形態に閉じこもろうとする人々と激しく対立しながらも、もう一方ではキリスト教の生来のユダヤ性を強調していた——「心の割礼」を語ることでしかなかったが——ということである。のちにキリスト教徒のユダヤ人への憎悪をかき立てることになる要素の最初の可能性の条件はパウロのもとにあったのかもしれない。その憎悪とはキリスト教徒の自己嫌悪であったと私は特徴付けてみるつもりである）。

さてもっとずっと後になると、歴史の変化が加わって、「シオニズム*」が発明され、そののち現在われわれが知るイスラエル国家につながる動きが生まれることになる。その歴史には私は踏み込まない。ただその歴史は少なくともかなりの部分、「反ユダヤ主義」と呼ばれる病の亢進の結果生じたということは指摘しておこう。

「反ユダヤ主義／アンチセミティスム**」とは何だろうか（アンチセミティスムという言い方は実はおかしい。アラブ人もセム族なのだから）。あえて次のような仮説を立ててみよう。キリスト教徒によるユダヤ人への憎悪が広がったのは、キリスト教徒から見てユダヤ人は王国の区別を保とうとしている人々だったからである。そのような区別に、カトリックも改革派も正教もそれぞれの教会はつねに背き続けてきた[11]。その件に関してキリスト教自身が果たすべき義務を証していたのがユダヤだったのである。その件はどうでもいいこと、神学上の些細な問題などではなかった。なぜならそれは、霊的証言と社会政治的支配のあいだにまさしく混同を、ときにはもっとも偽善的な混同をもたらしたからである。キリスト教徒のうちでユダヤ人への憎悪が憎悪となったのは、それが自身に対する罪の意識から生じているからである。そしてその憎悪は、キリスト教徒がそうあるべきであった姿を証すものを根絶しようとしたのである。それゆえ、これは歴史的にも説明できるであろうが、権力争いからもっとも遠いところにいたキリスト教徒ほど、反ユダヤ主義ではなかったのだ（ユダヤ人への憎悪はナチズムによって、その原理としてはキリスト教的なものではなくなった。それでも多くの部分がまずそれまでの伝統の中から汲み出されてきたのだが。他方でナチズムとはまず何よりも、唯一で排他的な帝国 *Reich* を掲げるものであり、世界のただ中に開かれている別のかたちの「支配／統治」に関してなど知ろうともしなかったし、また知る由もなかった）。

宗教としてのユダヤ教がキリスト教徒の憎悪をかき立てたのではない。それはこの宗教が、そしてまたときに宗教から完全に逃れるようなユダヤ思想が、キリスト教があまりにもよく知っていること――そしてあまりにも否認していること――を思い起こさせるからなのだ。すなわちキリスト教とは、イスラエルの王国から自ら離れるユダヤ教をもとにして、さらには自らを脱構築するユダヤ教をもとにして作り上げた宗教だということを。(12)

*シオニズム　世界各地に離散しているユダヤ人を一カ所に集結させ、ひとつの領土的まとまりを有したユダヤ人国家を建設しようという政治運動で、一九世紀末のヨーロッパで生み出された。

**アンチセミティスム　セム語とはもともとは言語学に於いて、中東に起源を持つアラビア語、ヘブライ語、アラム語、エチオピア語などの総称であったが、一九世紀以降、セム語族の中でもとくにユダヤ人を差別する動きが、アンチセミティスム（反セム主義）と呼ばれるようになった。セム系の言語ではないイディッシュ語を使うユダヤ人も多かったにもかかわらず、「人種」としてのユダヤ人がこの表現のもとで差別されるようになったのである。

*

イスラムの場合は全く事情が異なることは言うまでもない。イスラム教はキリスト教の後に、それもキリスト教が帝国――東と西の二つのローマ帝国――に完全に結びついていたという背景に於いて、到来したのである[13]。イスラムは宗教であると同時にただちに政治的な形を取り、スンニ派とシーア派の分裂もそれ自体政治闘争から生じた――むろん両派の教理に大きな違いがあることに変わりはないのだが。とはいえ、カリフ*の問題、そして政治権力と宗教的権威（「教会」という形態は決して取らない）の分離という問題は、一度ならずさまざまな方法で提起された。その方法についてはここでは立ち入らない[14]。

しかし注目すべきは、イスラムには非常に特異なやり方で、世俗界と宗教界の区別と錯綜が共存していたということである。一方では、全てが神のこの上なく注意深いまなざしのもとにある。だが他方では、信徒たちは神の絶対的な共約不可能性を、命じられた形式に従って、俗世のこととは全く切り離された状態で認めることだけを求められる。結局のところ、そこにはひとつの王国があるわけでも、二つの王国があるわけでもない。そこには、人間の生活上の諸事に関わる領域と、信徒としての唯一の務め――すなわち「全能の、慈悲深い神」を公に示すという務め――の領域があるだけなのだ。

ある意味で、イスラムは崇拝《アドラシオン》へと委ねられていながら、ひとつの帝国を繰り広げていた。それゆえにキリスト教団は、キリスト教が再び展開し始めていた帝国のライバルとしてのイスラム帝国を退けようとしたのである。しかし、その政治力に基づく関係が、イスラム教徒を「異教徒」の手強い敵とみなす非難を伴っていたとしても、キリスト教徒のうちにイスラム教徒への憎悪が生まれることは決してなかった。イスラム教徒のもとには、キリスト教徒の裏切りが映し出される鏡を見出さずに済んだからである。それどころか、「教会」からうまく距離を取っていたキリスト教信者たちは、自分たちの伝統と、イブン・アラビー**のような偉大なスーフィ教徒***やハッラージュ****のような神秘思想家の信仰とのあいだにある近似性を、難なく認めていたのである。

スーフィ教徒の中には、神以外には何も存在しないとさえ言明する者もいた。だがこのような——全てを考え合わせれば何ともスピノザ的な——主張は、当然ながら、ある唯一の「一者」のみが存在しその一者は自分のみを基礎としているがゆえに自分だけで崩壊するしかないというようなことを意味しているわけではない。それどころかその主張が意味するのは、全てはそのこと、あるいはそのように名付けられた者、すなわち名付けようもない測り知れない者への関わりのうちにしか、そしてその関わりによってしか**あり**得ないということであり、またその一者の方は **pour sa part**（といっても神には「方」と

*カリフ　ムハンマドの死後、選ばれた後継者。カリフとは預言者の「代理人」の意味である。宗教面ではなく、政治、社会面での権限を持ち、イスラム共同体を束ねた。一五一七年にマムルーク朝がオスマン帝国に滅ぼされたのち、スルタン＝カリフ制が始まるが、トルコ革命によって一九二四年にカリフ制は廃止された。

**イブン・アラビー（1165–1240）　中世のイスラム神秘主義思想家。

***スーフィ教徒　八世紀頃生まれたイスラム教神秘主義スーフィズムの信奉者。神との合一を説くスーフィズムは当初異端視されたが、一一世紀から一二世紀にかけての神学者ガザリ（1058–1111）や、一三世紀のイブン・アラビーの貢献によって、正統神学の中での地位が確立されたと言われる。

****ハッラージュ（857–922）　初期スーフィズムの代表的思想家。瀆神の罪で処刑された。

か「側《がわ》」といった部分的な「分け前」や「取り分 sa part」といったものはないのだが)、ひとりの存在者ではなく、「存在すること」の尺度からは外れてしまっているということである。

とはいえ、ユダヤ教の場合とは異なるさまざまな理由によって、そしてかつての王国や帝国やスルタン国*の状況とは全く異なる状況のもとで、イスラムは今日、宗教に依拠した諸国家を形成している。私はその件に踏み込むつもりはないが、以下のことには注目せざるを得ない。私がキリスト教的な言い方で「王国の区別/差異 différence des royaumes」として示したこと(それは、世界には外 - 世界 outre-monde などないというその自らの欠如にこそ世界は開かれていること、そして世界の理性には脱閉域が必要であることとして、今や理解されよう)が作動する大きな変遷から生じた世界では、これまで受け入れられてきたような「宗教」と「政治」の関係(排他関係であれ、包摂関係であれ)に甘んじることはもはやできないのだ。全てがそのような観点から現場で再考されなくてはならないだろう。

ひとつの世界、二つの次元 *Un monde, deux dimensions*

このような示唆をこれ以上突き進めることが問題ではないので、以下のことだけにとどめよう。一方では(ユダヤ -)キリスト教が、そして部分的にはイスラム教も、科学や民主主義や法や人間の解放の文化であるひとつの文化へと自ら脱構築した。しかしその道のりの途上では、問題となっている「人間」のアイデンティティは捉えどころがない不透明なものになるばかりで、人間は人間自身から解放されるべきなのではないかと思われるほどである。しかし他方では、その同じ途上で三重の一神教（そこでは宗教界が、あるいは聖なるものとの関わりが、そして根底では聖性そのものが根本的に揺らいでいる）が閉域を脱し、それによって、理性 Raison は与え返された理由／説明 raisons rendues では満足できず、測り知れず名付けようもない意味へと自ら駆り立てられていく――あるいは概念も姿形もない真理へと向かっていく――ということが示されている。理性がその欲動 pulsion の正しさを認めそこなえば、理性は衰え、一般的な共約可能性のうちに、そしてあらゆる名が交換可能な際限のない指名 nomination のうちに沈み込んでしまうだろう。

宗教――ユダヤ教、キリスト教、イスラム教――のうちで今も存続するものは、もはやこの欲動（それを私はアドラシオンと呼ぶのだが）を優遇するための断固とした証しをもたらすことしかできない（世界中の他の宗教、とくにアジアやアフリカの宗教の形態については私は何も言えない。ときにこれらの宗教を、その瞑想や精神修養のやり方などを引き合いに出しながら可能な解決策として挙げる人たちもいる。だがそういう人たちは、文化の要素をそう簡単に他の宗教のうちに移し替えることはできないということを忘れている。しかもわれわれは現在に至るまで、さまざまな理由によって、それらの宗教の形が近代合理性と関わりを持てるのかあるいは持てないのか考察できないでいる。なぜならアジアやアフリカやオセアニアでは、それらの宗教はすでに変化を蒙ってしまっているか、あるいは「西洋」由来の合理性との接触は、階層によってはいまだに、判断しうるほど十分に顕著にはなっていないかの

***スルタン国**　イスラム世界に於ける君主号であるスルタンを名乗る君主が国家元首になっている国。

いずれかなのだから)。

それゆえ私の関心は、キリスト教や西洋の一神教的複合体の幾らかの残余をかき集めて受け継ぐことではない。理解すべきは、科学的、法的そして心的/道徳的合理性のさまざまな形態として世界中に拡がった文明が、いかにして理性にとっても世界にとっても一種の閉塞をもたらし、その結果われわれがわれわれ自身に対して絶望感を抱くに至ったかということである。なぜならわれわれは知っているのだ。この閉塞が欲動 pulsion (推進力 poussée、躍動 élan あるいは直観 instinct でもいいが) の対極であり、そしてその欲動はわれわれのうちで「開かれ l'ouvert」との接触を求めているということを。というのも、われわれ自身がまさにそういう開かれであり、言語もそうであり、世界そのものもそうなのだから。(「開かれ l'ouvert」という言い方がすでに言語の濫用である。このような実詞を用いたり、概念や名詞へと引きずられるような言い方は本当はするべきではないのだ。それはまさに概念からも名詞からも距離を置いたところで開かれるのだから)。

開かれた世界とは神話も偶像もない世界である。もし宗教というものを、保証や目的地や成就といった意味の要請に応えるような行為と表象の戒律と捉えるならば、開かれた世界とは宗教のない世界である。といっても「宗教」と名付けられたもののうちでは神話や偶像のみが重要なのだと言っているわけではないし、「神話」や「偶像」という語の限界的な意味を考慮すれば(これらの語の意味は、ギリシャ人とユダヤ人による西洋の歴史の創始に於いて定められたことを想起しなければならない)、何がそうで何がそうでないかを簡単には決められるわけでもない。少なくとも言えるのは、神話や偶像をなすものは、それら――神話的な物語や偶像としての形象――がある現前を保証し、ある要請に応えるという確信に基づいていることである。言い換えればそれらは存在に理由／説明を与える。逆説的ではあるが、「理由／説明を与えたい」という欲望によって、宗教は神話や偶像崇拝のうちに枯渇していくかもしれないのだ。そして逆に理由／説明を与えようとしなくなれば、あるいはそれを標榜しなくなれば、宗教は神話や偶像を枯渇させる――しかも宗教自身のうちで――ことになるだろう。

しかしそれはまた、やはり理性 **Raison** そのもののなすことであり、「無制約的なもの」へと、あるいは世界そのもののうちの局限化し得ない世界の外部へと向かおうとする推進力、欲動（カントが衝動 *Trieb* と呼ぶもの）のなすわざなのだ。

このような理由から、二つの「統治／支配 règnes」あるいは「世界 mondes」を区別するということがここでは決定的なのだ(15)。それは一方が他方に従属しなければならないということではない――それでは一方が他方を統治することになってしまう。それはまた、両者の支配力が対立関係にあるということでもない――それでは「この世のものである de ce monde」二つの王国の状況になってしまう。そうではなく両者は互いに垂直で水平の関係にあるのだ。それらは異質で異所的な次元でありながら、ある一点で交わる。その点は、あらゆる点と同様次元を持たず、それが世界の開かれ、世界に於ける意味の開かれをかたち作る。その開口部を通じて、意味は同じ動きによって浸透すると同時に逃れてゆく。そして浸透しつつ漏れ出しながら「意味をなす」のである。

この開かれは、高みと低さのあいだの「途方もない断絶」として特徴付けられた*（九五頁）(16)裂孔と別物ではない。しかしその開かれはまた、西洋の一神教の共通の根にある「アブラハムの預言」と呼ばれるもの、「継承と歴史のあらたな概念、あらたな系譜、地と血のあらたな定義」を表すものでもある。なぜならその預言とは、「全ての民 nations の土地はアブラハムの子孫への約束の地となる。しかしながらそれは土地なき土地である。分割し割り当てうる土地はなく、国 pays も、民族 nation もない。それは砂漠の土地であり、そこのひとつひとつの石からアブラハムの子孫が一人ずつ生まれるだろう」ということなのだから。

それぞれの石から約束の継承者が生まれる。だがそれが約束するのは、土地そして意味の境界の囲いを開くことのみなのだ。それが私の言う開かれの意味することである。それは宗教や哲学のあらゆる概念や表象のはるか彼方にある。

したがってあらゆる偏見を退けるためにもうひとつ強調しなければならないのは、意味の「点」はまさに世界、「この世」に在るということである。それは石が砂漠に属し、交点が水平な直線にも垂直な直線にも属すのと同じである。世界の一部となることなくその世界の中に在ること――その条件を実現しようとしたキリスト教の修道会もあったが――それは世界から不在になるとか、「内的」とか「霊的」といった何らかの場に引きこもって生きることではない。それは世界をその開かれに従って思考し、感覚することである。つまりまずは、力や価値の共通の尺度によって決まるようなあらゆる関係には世界は還元不可能であるということに従うことである。それは共約不可能な／測り知れないひとつの力や価値、したがって形象化し得ないひとつの形象を考察することである。

「ひとつの」力、「ひとつの」価値――そう、一神教が「一」を数値的な指標としてではなく、逆にあらゆる記数法、あらゆる算出の外部として導入したというその意味で、この「ひとつ」「一」は多を統合することなく包含する。その単一性（一であること unité）とは、「一」が等価性（存在者どうし、力どうし、形象どうしの）を措定するあらゆるものを本質的に免れているという点に存する。それはまさしく**各々** chacun という類いの単一性、つまり各々の単数的な（特異、唯一の）ものの単一性である。それがひとつの「主体」であろうと、単体として判別しうるあらゆる単独性であろうと――たとえば木の葉や波頭のような。(17)

…と共に *Avec*

次のように言うことで、ここで賭けられているものを集中させることができるかもしれない。すなわち、三重の一神教のうちで、そしてそれらの結局は「世界化」した表出に於いて（つまり生誕の地の外へと急かされ、世界中をめぐると同時にそれ自身で世界をなし、世界の、つまりは人類の新しい時代をなすにまで至ったという十全な意味で）優位を占めたのは、神は彼方でも手前でもなく**共に** avec あるという思想であった、と。神はわれわれと共にいるというのは、おそらく三重の一神教のもっとも深い

＊アブラハム〔九二頁〕　ユダヤ教、キリスト教、イスラム教を信じる啓典の民の始祖。最初の預言者（神の声を聞く者）。神はカナンの地をアブラハムとその子孫に与え、子孫を限りなく増やし、多くの国民の父祖とすることを約束する。この契約から、神によって結ばれたイスラエルの民の歴史が始まる。

ところで共通する揺るぎない思想なのである。その思想は、その宗教的形象の崩壊、とりわけキリスト教的形象の崩壊（それ自身がその解体を開いたのだが）によって、神とはこの「共に」そのもの以外の何物でもない――もしそれが「物」だとしたらの話だが（物だとしたらそれはまさに「**物**そのもの *la chose* **même**」かもしれない）――ということを明かすに至るのだ。

かつては「神々と人間」がいて、次いで「われわれと共に神」がいた。そして今や「われわれのあいだにわれわれが」いる。そして繰り返すが、この「われわれ」はあらゆる存在者を示す代名詞となり、その包活的な共生のただ中で「人間たち」がどうあり、何をなすのかを、あらたな光――不確実で不安をかき立てる光ではあるが――のもとに出現させるのだ。この歴史〔関係性の推移〕の中にはいかなる「世俗化」もないが、世界の「世界で‐あること **l'être-monde**」の変遷がある。それは一度で決定的に与えられるようなものではなく、世界の分有である「無を開くこと *ex nihilo*《エクス・ニヒロ》」を何度も変奏し再開するのだ。

このことは「啓示」という動機によって理解しなければならない。「啓示」宗教と言われるものが他の宗教と異なるのは、無限というものの徴――それ自体が無限なのだが――が自ら発せられる（それ自身から送られる／自らを送る）という点に於いてである。あらゆる宗教は必ず、そのようなある動き **motion**、ある躍動 **élan** に貫かれている。あらゆる宗教、そして結局はあらゆる種類の知、科学、哲学がそうなのだ。なぜなら、われわれは無限なるものへの欲望に駆り立てられることなしに、何らかの知識の運動の中に入っていくことはできないであろうから。有限の知とは情報や知識教育のことであり、それは物事の汲み尽せぬ奥底で開かれるものではない。われわれが死すべき存在であるがゆえに「有限」であるとしても、その有限性がわれわれの無限への接近《アクセス》の布置を設定している。神話的、シャーマン的*、秘教的、形而上学的、グノーシス**的などさまざまな布置 configurations が存在し、あるいはかつて存在した。「啓示」がもたらすのは結局のところ、脱 - 布置 déconfiguration なのだ。啓示とはひとつの教義ではない。啓示されるものは宗教原理や信仰箇条の内容などでは全くないし、啓示とは何か隠れているものの覆いを取ることでもない。啓示は、それが自らを送る／差し向ける／語りかける s'adresser という点に於いて啓示する。そしてこの差し向け《アドレス》が、啓示されるものの全てをなす。神はアブラハムやマリアやムハンマドを呼んだ。呼びかけは答えを求め、答えはまた別の呼びかけとなる。重要なのは教義大全を学ぶことではなく、答えることである。皆から皆への、各人から各人への呼びかけと答え（応答する責任という意味でもある）。ただ互いに会釈をする se saluer ように。それ以上でもそれ以下でもなく、しかしそうやって、偶発的な存在のあいだに、終わることなく道 voies と声 voix を開きながら。

啓示された真理とは、いかなる教義や宣教にも含まれていない真理である。それは何かと一致したり何かを明らかにするような真理ではない。それは意味の引き延ばし／宙吊りからなる、単なる、しかし終わりのない真理である。それは意味の中断である――なぜなら意味は完遂しないのだから。そして意味の溢れ出しである――なぜなら意味は止まることはないのだから。

それゆえわれわれの世界は文学の世界なのである。この語は危険なまでに不十分で、お飾り的で無為

*シャーマン　霊や死者といった超自然的存在と交信できるとされる祈禱師、呪術師、巫師など。

**グノーシス　キリスト教の黎明期に地中海地域で盛んになった宗教的思想。物質と霊の二元論に特徴がある。本章原註5を参照。

な印象を与えるが、文学という語が示すのは「共に」ということについて語るさまざまな声の開かれに他ならない。神話と呼ばれるものは起源に声を与えるものであったが、文学はわれわれの共有／分有についての無数の声を捕らえる。われわれは起源の退隠を共有／分有し、文学は神話の中断から始めて、いわばその中断に於いて語る。その中断のうちで、文学によってわれわれは幾ばくかの意味をなすのだ。(18) その意味はフィクションに属している。つまりそれは神話的でも科学的でもない。しかし意味は、それ自体可動的で可塑的で可延的なさまざまな形式の創造や形成 **façonnement** 〔この語はフィクションという語と同じ語源 *fingo, fictum* を有する〕のうちに与えられる。そしてそれらの形式に従って「共に」ということの在り方が際限なく構成されて〔布置をなして〕いくのだ。

このように文学について言えることは、「芸術」をなすあらゆるものにとっても当てはまる。芸術とはすなわち、意味作用 **signification** の外に意味 **sens** を形成し交換するための、断固として複数の――単独にして複数の――、あらゆる方法のことである（「意味作用の外に」というのは、言語芸術や文学的フィクションでさえ〔何かを〕意味したりはしないからである。それらは意味作用を別の制度《レジーム》へと運び、そこでは記号は無限へと送り返されるのだ）。

*

フィナーレのカデンツァとして

「その日にモデルを務めたのは誰だったのか。街娼？　それとも庇護者《パトロン》の妻かしら。アトリエの雰囲気は帯電しているみたい。だが何によって？　官能の電流？　その男たち皆の性器に電流が走ったから？　きっとそうでしょう。でも空気の中には何か別のものがある。それは崇拝よ。絵筆が止まり、男たちは崇拝にとらわれる。目の前に神秘が現れたのだから。女の身体から、生命の源水が流れ出したのよ」[19]。

III

神秘と徳

Mystères et vertus

幻想を破壊してもまだ真理は与えられない。さらにもう少し無知になるだけだ！[1]

1

理性の脱閉域とは、戒律と信仰の紡いを解かれ自分自身から退く宗教すなわち脱構築されたキリスト教の結果あるいはその残余である。理性は理由／説明を与えようという意志から離れたのだ。あるいはむしろ「理由を与え返す rendre raison」試みは、与えられたあらゆる理由を超えていってしまうことを理性は知っているのだ。理由を与えようとしても切りがないということを理性は知っている。人が追い求めるのは、説明しようのないもの弁明できないもの、偶発性や悪などだからである。

偶発性 fortuite と悪は結びついている。というのも悪とはいつも何らかのかたちで偶然性を拒むことに存するからである。悪は必然性を導入したがるものなのだ。それが殺人とともに始まるなら、それはまさに殺人に於いて必然性が求められているのだ。つまり「お前は存在してはならない！」ということである。その逆は「お前は存在しなければならない」ということでは（必ずしも！）ない。逆はむしろ、「われわれが存在する」ということなのだ。「われわれ」とはすなわち全ての存在者の関わりということである。それは生じないということもあり得る。だがそれが生じるのは、われわれは互いのために、そして互いによって存在するのだということを示すようなある徴 signe もまた生じるからなのだ。その徴は、「われわれ」――世界の全ての存在者――は互いに他者にとっての徴なのだということを示している。

そのような徴は必然性には属さない。それはあらゆる実存が不意に到来しそれらが出会うのと同じように偶発的である。それはそういう偶然性の徴、たとえばまなざしや身振り、接触、音色である。それは動物、植物、鉱物が互いに意味し合うこと。生物と無生物、語るものと無言のもの、構成されたものと自発的なもの、機械と器官、ある性と異性、若者と老人、ある言語と他の言語、ある意味と他の意味……等々が互いに意味し合うことである。それらのあらゆる極や目印は単に自己に同一なわけではなく、厳密にはそれ自体でなるわけでもない。だがそういう極や目印のあいだで、偶然性の徴のさまざまな形、夥しい数の送り返しが循環する。それは出会いに於ける共に - 触れ - 合うこと se-toucher-ensemble の送り返しであり、その出会いによって世界があり、世界の中に実存があるのだ。

このような増殖し無秩序で過剰な意味作用が、キリスト教的「創造」と「救済」の結果あるいは残余をなしている。それは「一神教」の根底をなす「神」というものの究極の退隠の結果あるいは残余である。そしてまさにそのことによって、それはある理性の脱閉域であり、その理性はあらゆる「与えられた理由／理性」の究極の退隠へと自らを開く。すなわちそれは、「意味」について語るときいつも示したつもりになっている「人生の意味」とか「世界の意味」といったものの究極の退隠へと開かれるのだ。

＊

この脱閉域を世俗化と同一視してはならない。それは世俗化のいわば逆でさえある。「世俗化

sécularisation」という語は、宗教的価値観や規則や布置を、世俗的（「政教分離の laïques」でも「俗界の mondains」でも何でもいいが、われわれの世界を示すために結局宗教的な語彙から取った用語しか持ち合わせていないというのが、現代の症候を表している）な価値観や規則や布置へと転換／改宗 convertir すると想定されたプロセスを意味する。しかし、「世俗化」という語を性急に使うあまりいつも忘れられてしまうことだが、そのプロセスに於いて行なわれる「転換／改宗」の正確な意味ほど曖昧なものはない。ここで意図的に使われた「転換／改宗」という語も宗教の語彙から借用したものだが、この語自体、問題の在処を示すための用語のひとつである。すなわち（「世俗化」という「転換」に於いて）問題になっているのは隠喩的《メタフォリック》な移動なのか、類似的《アナロジック》なものなのか。形式だけが移動するのか、あるいは内容も伴うのか。そもそもこれらの用語のひとつでもどうやって理解するのか。この件に関してもっとも主要な例だけを挙げることにしよう。神の絶対的統治の政治的な世俗化という場合（カール・シュミットが取り上げたように）*、ある国家の主権、あるいはある国家の中の最高権力を神的な権力が変化したものと捉えるならば、次のような問題が当然生じてくる。あらゆる法に先行する（あるいはこういうふうに言ってよければ、自らの「法」にしか従わない）神の絶対的に根源的な権力が、ある決まった法に照らして例外を決定する権力（しかもそのような決定権を設置しているのがその法なのだ）へと転換することがはたして可能なのか、可能だとすればどのようにしてなのか。前者の域から後者の域に変わるとき、見た目にはほとんど変化がないようで、実は全ての配置が転換しているのだ。さまざまな「ユートピア」―（理想的な共産社会）すなわちあれやこれやの形の「社会主義」の歴史的な投影や計画が、世俗化されたメシアニズム**となるだろうと言ったりする際も同じことが問題になる。つまりその「世俗化」に実際に確固とした内実を与えるには、その「世俗の」メシアニズムと仮定されたものは宗教的メシアニズムに固有なものを欠いてはならないはずである。すなわちメシアをその現前であれ不在であれ指し示すことができないという不可能性。さらにはメシアを、すでに到来していながら同時にいつまでも来たるべきものとして思考しなければならないという必要性。それらが欠けていてはメシアニズムにはならないのだ。

「世俗化 sécularisation」という考えは目の錯覚の上に成り立っている。「俗世界 siècle」の文化は、「あの世 au-delà」の文化の幾つかの様相を呈しているにしてもそれは表面的な類似にすぎず、根本的には全く別の秩序にあるはずである。実際は、私がここで比喩的に「あの世の文化」と呼んだものは二つの秩序が区別されていることに基づいており、その場合、一方の秩序は他方の秩序に於いては奇異で全く異質なものとしてしか開かれない。それゆえ、そもそも世俗化という考え方は実はそれが提示するものの逆を前提としているのだ。つまり、あの世という世界の解釈を、この世を基にしてすでに行なっているのである。たとえば神を王のようなものとして表象するというように。このような取り違えは、宗教的言説が二つの国 règnes について語るときに、まさに見られるものであった。しかしわれわれはもはや理解し

*～が取り上げたように　カール・シュミット（1888–1985　ドイツの法・政治学者）は『政治神学』の中で、近代国家の重要概念はすべて世俗化された神学概念であると述べた。
**メシアニズム　メシア（救世主）によるあらたな世界秩序の到来を待望する世界観。ユダヤ教に於いては、救世主はつねに（いつまでも）「来たるべき」者であり、しかも救世主が具体的に何を約束し実現するのかを確定することもできない。

なければならない。「もうひとつの統治 l'autre règne」〔神の御国と呼ばれるもの〕は統治／国などではなく、それを権力とか原理とか権威とか法廷（審判）…等々のパラメーターで思考することはできないということを。

おそらく宗教もそのことを、漠然とではあろうが、つねに知っていたはずである。少なくとも霊的実践や神秘思想のそこかしこに、それに気付いていたふしが見られる。それはまた宗教の中でもっとも秘教的な教義と見られているものを通しても認めることができるので、それをすぐに取り上げるつもりである。だが今日のわれわれの役目は、その漠然とした知をできるだけ引き出して、そこに真の射程――それは宗教的でもないし、厳密には哲学的でもないかもしれない――を与えることである。それは人間の経験についての知、「人間を無限に乗り越える」〔パスカル〕すなわち「外に - 存する（脱自）ek-siste」者としての人間、「深淵の上の踊り手」〔本書六一頁訳注＊〕としての孤独な人間に関わる知なのだ。したがってそれは世俗化とか、改宗といった問題では全くない。重要なのは、その孤独な人間の経験のもっとも深い、もっとも埋もれた、もっとも来たるべき部分でわれわれを支え、そこからわれわれを駆り立てるものへとわれわれを開くことである。その人間とは、「近代人」として生まれた人間のことである。なぜなら「近代 moderne」という語がつねに意味したのは、それに対し何も――自分自身でさえも――与えられていないということなのだから。

2

この章のタイトル「神秘と徳」は、敬虔なまでに宗教的な響きを持っている。これらの語はキリスト教神学ならびに霊的実践から借用したままでだが、その借用を超えたところで、ここでの問題の重要性を明るみに出すために、それらの書き換えを提案してみてもいい。タイトルは次のようになるだろう。

閃光と欲動 Éclairs et pulsions

キリスト教のうちでわれわれが理解すべきものとしての神秘とは、実際のところ、窺い知れない神的な知に関わる奥義のうちの、隠された秘密の実在などを意味するわけではないのだ。神秘 mystère という語は確かに、ギリシャ語の語義のうちに、「密儀宗教 religion à mystères」に於けるイニシエーションの最終段階に対応するもの、すなわちプロセスの最後に秘技を伝授された者しかアクセスできない物や文言の開示、という意味をとどめている。(2) だがキリスト教の神秘の啓示は何らかの秘密の暴露ではない。それが開示するのは逆に、自らをそれ自体で開示するもの、自らを開示する以外のことは何もしないものなのだ。閃光が夜の闇から姿かたちや現前を引き出すが、それらは闇の中に隠されているわけではなく、それらを照らし出しにやって来るかもしれない光のために、ただそこにあるのだ。

不意に訪れるその光は、何らかの秘技伝授の手続きの果てに許可されたり得られたりするものではない。それは神秘へと眼を開かせる光であるが、その神秘はそれ自身で見えるものとしてそこに与えられ／自らを与え、そして実は、それは光そのものなのだ。

光は誰かの（「人間」の）眼を開かせる、あるいは光はそれ自身が眼を開く。というのも光とは明るさであると同時にまなざしであり、まなざしとは光なのだから。何かを見ること vision は、この文脈に於いては、見る主体から見える対象の形への関係ではない。それは目覚める瞬間、つまりものの形や距離がはっきりと判別される前のように、ある現前が明らかになっていくこと éclaircissement である。その現前とはよく言われる「世界への現前 présence au monde」であるが、決してそれを、ある存在者と彼の外部にある世界との結びつきのように考えてはならない。世界というのは単に、現前するあらゆるものの現前なのだから。そして光とは、その現前が自身に対し現前し、自らを合図し se signaler、自らを迎える se saluer ようにするものなのだ。

突然のごく短い瞬間的な光――それはつねに夜の闇の中に不意に現れる。すなわち「閃光」である。ただし電撃というよりは火花のような束の間の明るさという意味で。それは黙示録の燃え上がる炎ではなく、再び始まる夜明けである。(3)

その神秘とは明証性／自明の理〔évidence 目に飛び込んでくるものの意〕のようなものである。それを見ないわけにはいかない。そしておそらく、ある意味で、誰にでもそれは見えているのだ。誰もがそれをちゃんと見つめて注意を払っているわけではないとしても。神秘の閃光は、結局のところ、「光あれ *fiat lux*」*の不意の到来と同じような性質のものである。すなわち光と闇とを分けること。その分離によって世界が始まる。同様に「神的なもの le divin」とは、この昼**（*dies, divus* 日、光の意）と夜を分かつこと以外の何物でもない。世界の開かれが最初の神秘であり、おそらくそれは唯一の、あるいは他の全ての神秘を包含するような神秘である。ところで世界とは明証性そのものであり、それは目の前に置かれたものの明白さということだけではなく、それによって私の眼と世界が共に開かれるような明証性である。私の眼は世界のうちに含まれ、そして世界は私の眼に浸透している。

分離、区別、開かれ――関係 rapport。われわれはこれから、神秘というものがいかにして関わりの神秘であるのかを見分けていかねばならない。

まずは、パゾリーニ***がそれについてうまく言い表している箇所を読んでみよう。「**全てはそれの中に含まれていた。愛に於いて必要なものの全ては。閉ざされたもの、表明されず顔を曇らせるようなものは何もなく、その神秘はそのままなざしのように明るく輝いていた**(4)」。

***光あれ** *fiat lux* 「初めに、神は天地を創造された。地は混沌であって、闇が深淵の面にあり、神の霊が水の面を動いていた。神は言われた。「光あれ」。こうして、光があった。神はその光を見て、良しとされた。神は光と闇を分け、光を昼と呼び、闇を夜と呼ばれた。夕べがあり、朝があった。第一日である」（『創世記』の冒頭）。

****昼** フランス語で神 Dieu という語はラテン語の *deus* から来ているが、それ自体はインド・ヨーロッパ語族の語幹 *dei-*（「輝く」の意）から生じている。同じ語源から、昼の光、あるいは昼そのもの（ラテン語の *die*）という語も派生している。

*****パゾリーニ**（1922–1975） イタリアの映画監督、小説家、詩人。

*

〔本章のタイトルにある〕「徳」については、神学が「神徳 vertus théologales」と名付けたもの、すなわち神との関わりをめぐる徳のみを検討するとあらかじめ言っておこう。その神徳は三つある。信 la foi、希望 l'espérance、慈愛 la charité である。だがそれらを取り上げる前に、「徳 vertu」という語が、ラテン語の語源——*virtus*（男性 viril に関わる質）(5)——によって、ならびに語に付随するあらゆる意味合いによって有しているものを想起しなければならない。もっとも、その意味合いは心的《モラル》そして道徳《モラル》に関わる表象によって覆い隠されてしまいがちなのだが。普通「徳」と言うと、「美徳」と「悪徳」という対称的な区分け、すなわち「善」と「悪」との揺るぎない定義に即した態勢を意味することが多い。かつては「純潔」な若い娘には「貞淑／清廉 vertueuse」であることが求められたし、今日では「良い」トレーダーには「高潔 vertueux」であることが求められるように、「徳がある être vertueux」とは、一般に明示できるような価値や規範を尊重するということである。その価値や規範の最終的な根拠付けなどおかまいなしに、それらはときには習慣や風紀の状況に応じて、ときには用心深さや安定や知恵の要請によってもたらされるのだ。

「徳 vertu」という語のこのような価値／効果は、語源の *virtus* に於いて当初働いていた**力**を表す意味を完全になおざりにしている。ただし「子守唄が有する、気持ちを和らげる効力 vertu」といった言い方をする際には、その意味が今もまだ認められるが。本来は徳 vertu とは何よりもまず力強さ、〜へと向かう力、～できる能力／力量のことなのだ。そのような語の価値が、今では効率やさらには生産性といった動機ですっかり覆われているのは偶然ではない。そこでは、めざす際のエネルギーからめざされる目的への置き換えが生じている。同じような置き換えは「価値 valeur」という語に関しても生じており、現在ではこの語がかつて有した「勇敢な valeureux」という意味、イタリア語の *bravoure*（勇敢、巧妙、熟練）に近いその意味は失われてしまった。そこでは全く同じことが起きているのだ。本来は価値 valeur という語の意味は、ある言明が「自らに価値を持たせる／自らを目立たせる se fait valoir」、あるいは何らかの試みや企てや身振りに「価値を持たせる／（それらを）際立たせる fait valoir」その効力／力強さ vigueur と結びついていた。だが今では価値は、すっかり出来上がった尺度（たとえば「社会正義」とか、あるいはもっと狡猾なものとしては「民主主義」といった）とともにデータバンクに登録されたようなものとして考えられているのだ。同様に「徳 vertu」という語も、ある言明へと向かう力強さ、強烈さ（その言明の内容はその強烈さそのものと分離できないのだが）を示す代わりに、すでに手に入り限定された内容を示すようになった（そういうわけで、「市民的徳 vertu citoyenne」について語ったりすることもできるのだ。市民の「力／雄々しさ *virtus*」は反乱や決裂を求め都市国家を緊迫状態に陥らせかねないものだ、ということは考えもせずに）。

「徳／効力 vertu」とは、ある「価値／力強さ valeur」によって駆り立てられ突き動かされた躍動 élan である。その価値とはすでに手に入り限定済みの「善」であるだけでなく、まさにその限定を越えたところへと運んでいくその推進力に応じて価値を持つのである。われわれがここで検討する徳とは、与えられた任務を完璧にこなす者のそれではない。そうではなく、「完璧」という限定された言い方に飽き足らずより多くを望む者、もっと先へ行くことを望み、価値／力 valeur の誇張法に身を投じるような者にとっての徳である。そのような者は仕事の出来栄えに満足せず、出来上がったもの以上を望み、不可能なものへと向かおうとする。そのような運動は、職業的任務や家事を行なうときにも、友情や愛といった人間関係を築くときにも、芸術やスポーツを実践するときにも認められるだろう。どこにでも、完璧で非の打ち所のない遂行という次元と、権利的には限界のない自己超越、無限の推進力という次元がある。そのような推進力が、少なくとも「愛」や「芸術」や「スポーツ」あるいは「思考」と呼ばれるものといかに切り離し得ないか、われわれはよく知っている。しかしまた、そのような次元に於いても、完璧とか満足といった尺度を打ち立てることはできるということも知っている。さらに、無限の推進力が強迫観念や完璧主義や偏執へと変わりうることも周知のことである。すべては変形しうるし、病的なものへと化すかもしれない。だが強迫 compulsion とは欲動 pulsion とは異なるものである。

というのもここで名を挙げるべきは欲動なのだ。徳 vertu とはまず**欲動** pulsion であると言わなければならない。フロイトの *Trieb*（衝動）をフランス語では pulsion と訳したため、われわれは欲動 pulsion を得体の知れない、制御しがたい、野生の、つまるところ危険な衝動と受け取りがちである。欲動がそのようなものであることは確かだが、しかしそれは欲動が、われわれに先立ちまたつきまとうひとつのあるいは複数の力、主体の計算や企てには属さない力だからである。だがその力を迎え入れ、その躍動に寄り添うことで、主体は自らを形成する幾らかの可能性《チャンス》に恵まれると言うべきなのだ（「主体」というものは「形成」されなければならないとあくまでも考えるならば、の話だが。別の言い方をすれば、人間は「人間を無限に乗り越える」可能性があるということだろう）。

それゆえ *Trieb* とは、「無制約的なもの」（あるいは「確定できないもの」*das Unbestimmte*）へと向かうものとしてカントが示した理性の内的な運動でもあるのだ。カントは誰よりも早く、この欲動に帰すべき権利／正当性を認めようと尽力した。つまり欲動が「悟性」や対象に関する知識を超過し、また他でもない無限への開かれによってまず司られていることを認めようとしたのである。カント以降、思想は絶えずこの開かれと関わりを持ち続け、またフロイト自身は、欲動について語ることで、魂《プシュケ》／精神に於いてあらゆる心理学を無限に超えてしまうものに達すると予感することができた。それゆえ彼は、「欲動はわれわれの神話である」と言えたのだ。その意味するところは、一方では、欲動は観察可能な身体的能力ではないということ、そして他方では、欲動はわれわれの状況／条件を示しているということである。すなわちわれわれは、いかなる「意味」――人生の意味だろうが、死や文明や愛の意味であろうが――によっても完遂し得ない運動のうちに、起源も目的もないまま巻き込まれ、駆り立てられ、押し進められているということである。「欲動の理論」を「われわれの神話」として語りつつ、フロイトはあらゆる哲学そしてもっと広い意味ではあらゆる「理論」と一線を画す。それは彼の「メタ心理学」がいかなる形而上学、いかなる心理学とも一線を画そうとしたのと全く同じである。しかし当然ながらそれは宗教へと向かうということではない。知や表象によって割り当てられたのとは異なるかたちでの、世界や実存についての考察という予感に彼は導かれたのである。[6] カント、ヘーゲルそしてニーチェに次いで、ハイデガーと同時代に、フロイトは彼なりの方法で理性の脱閉域を考えたのであり、しかもそれを明白に「欲動」という名のもとで思考した。その欲動とは、知のうちにも表象のうちにも――したがってそれらに従う「意味」や「真理」のうちにも――完遂し得ないものへの関わりの力強さ／徳 vertu

なのだ。

〔欲動をめぐる思考の〕もっとも重要な帰結は存在論的なものである。あるいはそれは存在論を脱閉域したのである。なぜなら欲動とは、そもそもある「主体」から何らかの「対象」への関係ではなく――それはいずれにせよ原理的に「対象」を超えてしまう――、「存在する être」ことの条件あるいは本性なのだから。名詞の「存在」ではなく動詞の「存在する」は、「駆り立てる pousser」（あるいは「突き動かす impulser」「巻き込む lancer」、さらには「揺さぶる ébranler」「興奮させる exciter」）という意味である。「存在する」とは存在者一般の欲動 pulsion であり、また拍動 pulsation である。そして理性が持つ欲動は、物そのものに対する理性の欲望なのだ。

3

もっとも重要とされる神秘、すなわちまさに「神」に関わる神秘は三つある。三位一体、受肉、復活である。その三つを結びつけているつながりは、まさに「神」の思想そのものが蒙っている重大な――無神論的な――配置転換を明示している。

その配置転換は、「宗教」そしてあらゆる宗教的系統や伝承を遡ったはるか昔に端を発するある経験、期待そして傾向から生じている（その意味では転換はユダヤ教のうちで始まっていたのだ）。そういうわけでそれは次いで「宗教からの脱出」へと向かうのである。以下のように説明してみることができるかもしれない。神々とは、人間の謎への関わりを支持あるいは代理表象するものであった。謎とは人間にとっての人間のことであり、その謎を通じて、人間は世界それ自体という謎と関わるのである。そのことを謎、疑問、巻き込まれること mise en jeu 等どう呼んでもいいのだが、それは別の異質な途方もない次元によって、またそこに向かって、差し向けられることである。それは別の意味へ送り返されることとしての「意味」の次元、つまり「存在すること」の堅固さから引きはがされ、揺さぶられ、巻き込まれ、投げ出されることとしての「意味」の次元である。神々は人間と共に、人間から生まれた。それはハイデガーが言うように「実存する者とはそれにとって、自身の存在に於いて存在（すること）が問題となるような存在である」ということを示すためであった。神々は、存在の存在自身に対する不等性もしくは非等価性、あるいは差異そして差延（またしても、*dies* / *divus* 昼と夜の差異）を名付ける。神々はそれを名付けるか、もしくはその徴を与える。神々との関わりがその差異との関わりをなす。より正確には、神々との関わりは、人間がその差延に応じて自分自身と持つ関係（ひいては、世界と人間自身との関係）をなすのである。

その関係の最初のかたちは犠牲 sacrifice であった。「聖なるもの le sacré」とは異質なものの名であり、特殊な行動によってそこへと架橋しようとするのだ。それらの行動の原型、モデルは、ある人間を死なせること、すなわちまさにその人間を奉献／聖別 consécration することであり、それによって他の人間たちも聖なるものと通じることができるとされた。地中海の東側では人間を犠牲にする習慣は徐々に消えていき（動物や植物を犠牲にすることはその後も長いあいだ続いたものの）、それがひとつの転換点となり、文明は別の方向へと舵を切り（鉄器や文字の使用や交易を軸として、農村生活からも帝国からも離れていきながら）、同時に神々との関係も変貌していく。神々の聖なる現前との関係が優位を占めていた状況が変わり始め、人間どうしの関わりのさまざまな形態の方が重要になっていくのだ。すなわち、交易の多様な展開、宗教的遺産への帰属よりも自分たち自身での構成と共有によって定義される自律的な「都市国家」や「人民」の形成といったものである。それはギリシャ系ユダヤないしユダヤ系ギリシャと呼ばれる世界であり、それによってわれわれの世界の歴史が開かれるのだ。宗教というものは、そのさまざまな転身、変貌、そしてそこからの脱出に至るまで、文化あるいは文明の動きに依拠している。それゆえキリスト教を脱構築することは、その動きを奥深くまで掘り下げることにつながり、またそれに相関するかたちで、その動きが生み出した理性を脱閉域することにもつながるのである(7)。

このあらたな世界では、人間どうしの関係が徐々に、神的な支配力への共同あるいは集団的な関わりを凌ぐようになり、いわば関係そのものが聖なるものの場を占めるようになる。すでにイスラエルの神は「契約 alliance」の神であり、それはそれまでの他の宗教にはない言い方であった。またムハンマドの神は語りかけ adresse と召還 convocation の神となり、それが呼びかけるのはこの呼びかけそのものを讃えること以外の何物でもなかった。この二つの宗教の形態のもとに、関係というものが懐胎されている。そして〔キリスト教の〕三位一体の神秘は、「神」そのものを関係性というかたちで分節するのだ。言い換えればその神秘は神から、それ自体で確固とした一存在あるいは存在者とか、ひとつの人格として表象しうる主体とか、さらには何らかの「実体」とかいった意味での、「存在」という属性を奪うのである。

神性の三位一体とは神が三つに分割されているということではないし、神が三つのものの結合をなすということでもない。父によって息子が発生するということは系譜に基づいてではなく、同一性というものの本来の性質によって理解しなければならない。その同一性の内部で「関係」そのものの可能性、すなわち一方から他方への意味の送り返しの可能性が開かれるということである。そういうわけで息子は「作り出された produit のではなく、生み出された engendré」と言われるのだ。つまり息子は父の外部にあるのではなく、息子はいわば父のうちに関係という次元を開いたのである。そしてその次元が「聖霊 l'esprit」と呼ばれる。(8) 聖霊とは関係あるいは意味である。それに基づいて主体たちが現前しうるのだが、だからといってそれらが関係から独立して存続するわけではない。あるいは、関係とはそれに応じて諸存在が意味をなすための非‐存在であり、それらの存在はしたがって関係の外部では存続することができないのだ。

犠牲とは、ある他処 ailleurs あるいはある外部 dehors との関わりの形態であった。それらの聖なる現前——神々——はそれ自身、もっと広大な外部に含まれていて、それは運命とか、必然性とか、太古の闇とか、原初の深淵などと呼ばれたが、この外部とは関わりを持つことができなかった。せいぜい不死の神々が何らかの仲立ちをするくらいであったが、それも束の間で不明瞭なものにすぎなかった。次いでギリシャ悲劇が生まれ、この外部との関係の不可能性を、その不可能性そのものをひとつの関わり方に変えることで演じる——それを演出して劇として演じる——、という可能性を示した。ギリシャ悲劇がわれわれにとってどうしても完全には我がものにすることができない遺産に思えてならないのは、悲劇というものはある意味でまだ、祭礼や儀式に属していたからである。それは一方では神話へと送り返され、もう一方では市民宗教と呼ばれうるものの一環であった。市民宗教とは人間どうしの関係であり、人間たちはその関係そのものとして、法の自律性と都市国家の土着性とのあいだに自分たちの姿を認めたのであろう。ところで古代の歴史――すなわちわれわれが継承する文化人類学的変化の歴史――とは、市民宗教の失敗の連続からなる歴史であった。民主制と共和制の諸問題がそこで誕生し現代に至るのだが、しかし同時にそこに現れたのは、民主主義や共和制とは逆の体制、すなわち「天」と「地」という二つの秩序 ordres、二つの統治 règnes あるいは二つの国 cités〔神の国と地上の国〕を隔てる配置だったのである。

すると市民宗教としては生起しなかったこと――人間の（あまりに人間的な？）世界の自律的で自ら完結する意味としては生じなかったこと――が起こった。それが生起したのは、自ら正当化する世界の秩序とその世界のただ中での開かれとが、結合していると同時に切り離されているそんな布置に於いてである。その開かれはある外部へと向かうが、その外部とは別の世界ではない。しかしまさにそのこと自体が世界のただ中での超過であり続けるのだ。それが、あらゆる存在どうしの関係の、ないしはその関係に於ける「意味」である。その存在たちはこの世界をなし、この世界そのものであり、そしてもはやこの世界しか「有して」いない。全き「外部」（運命、闇、深淵）の力はもうないのだから。こうしてあらゆる外部が世界の中へと逆流し、それが世界の中に、怪しげで謎めいた**神秘的な**「意味」の突破口を開く。

三位一体という神秘が閃光を発し、次のことを示す。すなわち意味とは関係そのものであり、世界の外部はしたがって世界の中にあり、それでいて世界の一部ではないということを。

4

他の二つの神秘もそこから生じてくる。すでに自身に於いてその存在を放棄した「神」は、人間と神を分かつその神性をも捨て「肉となる」。その肉とともに死すべき定めも受け入れ、神は死のうちにもうひとつ別の生、永遠の生を開くのである。「受肉」と「復活」は、いかにも信じがたい驚異の寓話などではない。いずれにせよもはやそうではあり得ない。それらのうちで残っているもの、われわれに属しあるいはわれわれのもとに甦ってくるものが、どこからやって来てどこに向かうのかを、またあらたに把握しなければならない。それらが生じたのは歴史上の特定の領域に於いてである。そこで人間の文化は自らを、ある意味であらゆる宇宙発生論から切り離された「世界」と定めた。そのためあるコスモス *kosmos* の秩序は、もはや「この世界（この世）」を起点に求めなければならなくなっていた、あるいはそこからしか求められなくなっていたのである。

受肉と復活が示しているのはしたがって、まさに次のこと以外の何物でもない。それはわれわれという人間、つまり死を免れない存在、神々も自然／本性も持たず、「われわれの世界」である世界を際限なく作り上げていくことに従事する技術者たるそのわれわれこそが、意味をなす義務を負うということである。しかし意味は「作られる」――生産される――わけではないのだから、いかにしてそれは生起しうるのかをわれわれは認識しなければならない。それは、われわれ（われわれ人間そして全ての存在者）のあいだ、そしてわれわれのうちで開かれる関係の中にしか生じることができない。その関係はわれわれを互いへと差し向ける——一緒にそして個別に——と同時に、われわれをわれわれのうちの開かれへと差し向ける。その開かれを通して無限の送り返しあるいは無限への送り返しが次のように自らを合図する se signaler のである。「そう、われわれは意味というものの存在である」。「そう、世界とはわれわれがその意味を引き受けているものである」。「そう、意味というものの真理とは、成就や意味作用の充実ではなく、それは意味が中断すると同時に無限に再開される引き延ばしなのだ」。

　受肉。それは神が肉体の中に暫くとどまることではない。それは「言《ことば》が肉になる」（『ヨハネによる福音書』1‐14）ことであり、あるいは肉そのものが意味なのである。それは見えないものの見えるイメージ、自ら顕現しないものの顕現としての身体である。復活。それは二度めの生ではなく、命の水平の流れが垂直の合図へと向きを変えるための起き上がりである。そしてそれはまた肉である。なぜならそうやって起き上がるのは、まさにその固有の、代理不可能な／かけがえのない命なのだから。それもまた、自ら顕現しないもの——意味と真理——の顕現である。受肉と復活は両者で唯一の同じ思想を明らかにする。すなわち身体は精神／霊 l'esprit の出来事／生起 événement だということである。あるいは身体とは、精神／霊の出現 avènement、世界へのその到来 venue、その不意の訪れ survenue、その侵入 irruption、その通過 passage である。それはまた、精神／霊は世界の外に保たれるのではなく、世界のただ中で開かれるということを意味している。

　それは救済 salut をもたらすだろうか。確かに、三つの神秘を集約する神秘とはまさにサリュ salut の神秘であろう。しかしそのサリュ salut とは救助 sauvetage でも、救済 salvation でもない。それは世界や死の外部へと避難することではない。それはまさにここ、われわれのあいだで生起し、関係そのもののうちにある。それはジャック・デリダが誰よりも最初に差し向けたあの「救済なき救済／挨拶《サリュ》 salut sans salvation」である。[9]「サリュ！ Salut!」という語をわれわれは投げかけ合い、**互いに挨拶し合う**／**互いに迎え入れる** nous saluer。つまり互いを救い合うのではなく、意味というもの、ある意味、あるいはもっと不明瞭に幾らかの意味の保証人 répondant として互いを認め合うのである。真理の句読点としての「サリュ！」。すなわち意味を延長したり、ましてや完成させたりすることなく、それを宙吊りに保つと同時にその可能性を開くこととしての。[10]

　このような状況のもとで、キリスト教的救済が償い、赦し、購うとされる「罪 péché」をどう理解したらいいのか。まず第一に、罪を定義するのは過ち faute ではない。ここで問題となるのは罪よりも、罪人なのだ。人間が「原罪」を負っているとするのは、まさにユダヤ‐キリスト教の発明であるが（イスラム教のうちでのその反響も指摘できよう。イスラムに於いても信仰のみが救済するとされるのだから）、それは近代的意識にとってはもっとも奇妙でもっとも受け入れがたいことのように思える。近代的意識はあくまでも罪を過ちとして理解するからである。だが罪とは過ちではなく、自閉する人間の状況のことなのだ。[11]犠牲に頼ることがもはやできなくなり、悲劇によって「喪に於けるよろこび」（それは一種の自己犠牲かもしれない）をもはや表すこともできなくなったとき、過ち（神の秩序 ordre、世の秩序への背信）は、それを赦免されない者の存在そのものということになった。赦免は別の関係が開かれることによってしかもたらされない。それが開かれるのは別の秩序／次元 ordre によってであり、それはまさに関係、意味の次元、世界に於いて世界を超過してしまうものへの、世界のうちでの送り返しという次元なのである。

そういう意味で、罪は赦される。ニーチェは、キリスト教がいかにその確信と結びついているか、そしてその確信の暗い裏面（道徳的キリスト教に於ける罪深い意識とあり得そうもない恩寵）[12]が主体性の体制《レジーム》に於いては逸脱であり、ときには退廃にもなるということを正確に見抜いていた。それは過ちが犯され得ないからではない。だがもはや、犠牲や悲劇に於ける死によって購われるような背信〔という過ち〕が問題ではないのだ。問題は――ある意味で事態がより深刻であるのは確かで、その結果あらゆる厳正主義《ピューリタニズム》が生まれることになったのだが――関係の否定、「サリュ！ salut!」の否定である。それはもはやある秩序に背くことではなく、宇宙‐神学的秩序がもう与えられていないところであらたな関係を創始するという要請から逃れることなのだ。罪の赦しには意図的な悪の可能性が同伴している。その悪とは、定まって与えられていると想定された秩序と引き換えに、関係と意味が閉ざされてしまうことである。その秩序は完成した意味（十全とみなされる真理、たとえば人間や社会の模範《モデル》という真理、ついには真理の模範《モデル》という真理のような）を備えていると想定されているのだ。赦しとは、意味の可能性がつねに開かれ続けているということである。しかしそれは、その開かれを閉ざす者、その開かれを禁止する者が赦されるということではない。唯一赦されることがないとされる「聖霊 l'esprit に対する罪」とはそういう意味なのかもしれない[13]。

再びニーチェを引用するなら、「全ては断ち切られ、全ては再び集められる。存在の同じ住処が永遠に建てられる。全ては別れ se séparer、全ては再び互いに会釈する se saluer。存在の輪は永遠に自らに忠実であり続ける」[14]。「存在」の意味、というより存在することの意味とは、意味そのものでしかない。すなわち、別離／分離 séparation と送られたサリュ salut adressé。その差し向け／送ること《アドレス》（あるいはその拒否）を可能にするのが別離／分離なのだ。

5

神徳とはもっぱら関係のために使われる力であることが理解されよう。そのことは、徳の三つの様態の配置あるいは格変化――信 la foi、希望 l'espérance、慈愛 la charité――によってはっきりと示されている。つまり三番めの徳（それを端的に愛と言ってもいい――その点については後述する）が、もっとも重要なものとされ、それこそが三つの徳に於いて真に賭けられたもの、すなわち「神」への関わりという賭け金を決定的に保証する徳なのだ⑮。

愛の命令――キリスト教の独創性であり、奇異で、非難される点でもある――が構造の要石として現れたというまさにその点に於いて、キリスト教の構造はもっとも斬新なものとなったのだが、いかにしてそれが可能になったのかを理解するためには、それを引き起こすことができたものを、またしても厳密な意味での「宗教」とは全く異なる領域から理解してみなければならない。キリスト教的愛はキノコ（食用可能なものであれ、毒キノコであれ）のように地面から生えてきたわけではない。その愛は、宇宙、自然、政治、経済、文化面での重大な変化によって、人間どうしそして人間と世界との関係の可能性が危機に瀕し、おそらくは破局寸前にまで至っていた当時の世界のうちに出現したのである。古代ローマという体制は、その成功がいかに圧倒的なものであったにせよ、もはや意味の可能性としては認められない状態に陥っていた。古代ローマ帝国の滅亡が歴史や伝説に於いて重大で本質的に憂慮すべき現象とみなされたのは、その出来事がもたらした動揺が、その深刻さという点でも、人類学的（あるいは実存的または文明としての）影響という点でも、それまでの人類の記憶の中で匹敵するものがないほどだったからである。当時の人々は、ギリシャ以前の大帝国の滅亡やそれがもたらした一連の変動がどんなものであったかをもうほとんど覚えていなかった。それらはほとんど記録されてなかったのである。半ば神話的なかたちで、エジプトやバビロン王国に対するイスラエルの神の怒りが示されているだけであった。しかしローマの滅亡は、おそらく初めて明白なかたちで、世界全体の終焉として現れたのだ。

その世界とは、もっとも太古の昔から諸王国や農耕宗教や市民宗教を通じていわば恒常的にあった戒律の世界であった。戒律とはすなわち、もっとも厳密に *religio* という語*〔religion（宗教）の語源〕を定義するもの、すなわち（規則や儀式を）細かく綿密に遵守することであり、それについてのこの上なく正確なイメージ（偏執に至るまでの…）を、まさにローマがこの語によって与えたのである。それに対して、前 - ギリシャ的そして前 - ユダヤ的（このように言ってよければ）な緩やかな推移や変革によって明らかになっていたのは、あえて一言で言ってしまえば、関係の世界が戒律の世界に取って代わった、ということであった。もちろん関係は戒律を単に排除するようなものではない。しかしそれは戒律を従属させたのである。アルファベット文字、貨幣、商業とくに海運業（運搬、海外支店）、次いで都市国家、ロゴスと法に関わる技術、それ自体として研究されるようになった数学…このようなものによって宗教的戒律の制度はあらゆる面で手が回らなくなってしまったのだ。そしてまたその制度はそれ自体、戒律の原理による支配とそれらを実行する代理人による支配とを含んでいるという点でも限界に達していた。階級制《ヒエラルキー》（この語の十全な意味に於いて〔聖なるものの支配、聖なるものからの距離に応じた位階制〕）の世界は検討の対象になろうとしていた。ギリシャ人が「哲学」と呼んだものはこの状況に答えようとする試みであった。だがそうしているあいだに、全く別のやり方で、エジプトを脱したところに、さまざまな支配から逃れたある契約への信頼が創始されたのである。そこにわれわれの歴史が始まったと言ってもいい。その歴史がわれわれに対して望んだことをもう少しよく理解するために、それを捉え直してみよう。

＊

（その歴史は二〇世紀に亘って直線的に発展してきたわけではなかったことは周知の通りである。そこに於いては、私が「戒律」と「関係」という語で集約したもののあいだに、共有や対比や矛盾といったさまざまな変奏が見られることになった。だがその歴史はある変化／配置転換 mutation から出発したの

＊ *religio* という語　この語のもともとの意味は「細心、念入り、躊躇 scrupule」であり、それは「祭祀のために知識を集め、念入りに注意深く準備する態度」を示すための語であった。キケロ（BC106–BC43　古代ローマの哲学者）は *religio* という語を *relegare*（再び集める）という語と関連付けた。その後二〜三世紀になってキリスト教神学者テルトリアヌス（160–225）やラクタンティウス（240–320）などによって、*religio* という語には「再び結ぶ」という意味が付与されるようになり、イエスの教えが人間を神に結びつけるというキリスト教的解釈の中に取り込まれていく。

であり、私はその特徴を見極めようとしているのだ。そして「神々の退隠」、次いで一神教とりわけキリスト教の誕生は、その変化の反響だったのである。ルネサンスから一九世紀までのあいだ、歴史は「合理性」として理解され、その歴史の理由 **raison** は人類の進歩として説明できると信じられた。しかし今やわれわれが見出したのは、その理由／理性はさらに脱閉域しなければならないということである。「進歩」ではなかったにせよ――退行でもないが――、「人間」と呼ばれる現象そしてそれを通じて「世界」と呼ばれる出来事の、もっとも古くもっとも予期し得ない深みから、変化を駆り立ててきたものを迎え入れるために。われわれはまだその端緒についたばかりである――逆に世界というその出来事／生起の終焉にいるのでなければ――。だがこうして人類と世界の破壊を考えることが求められているという事実そのものが、この変化の規模を物語っているのである）。

*

地中海世界の全体的な変化のうちでは（そもそも「世界」全体を思考しようという未曾有の可能性がそこで芽生えたわけだが――「世界化」につながるものがローマには潜在していたのである――）二つの現象が際立っており、キリスト教という発明がそれを伝え広めることになる。その二つとは暴力と富に関わる現象であり、それらは戒律の制度を逃れるものであった。力の関係と所有の関係は、至るところに活発に見られる。だが戒律と位階制に基づく文化が消えたとき、関係（「社会的な」と言ってもいいが、もっと人間の実存に深く関わる関係である）のこの二つの領域がいわば解放され、それ以前の状態とは異なる特徴を出現させたのである。

なぜ暴力と富が——非‐暴力と清貧というかたちで——、キリスト教の中で特殊で際立ったモチーフを形成したのか。しかも哲学に於いても同じことが起こり始めたのはなぜなのか。(16)なぜ福音書では富める者*がかくも容赦なく断罪されたのか。なぜイエスは神殿から商人**を追い出したのか。なぜ彼は「左の頬を差し出せ***」と言ったのか。宗教としてのキリスト教がのちに金や力で何を行なったかはここでは問題ではない。なぜならそれによってキリスト教は重大な自己矛盾に陥り、その信者たちによって何度も非難を受けることを余儀なくされたのだから。もっとも、キリスト教はそれについては何も知りたくなかっただろうが。重要なのは、今問題になっている変化／配置転換によって権力と金銭——この二つは互いにもたれ合う——が飛躍的に自律的発展を始め、それらはのちに、一方は「資本主義」(マルクスは古代ローマ時代を前‐資本主義と呼んでいた)、他方は「帝国主義」(本質上それまでの帝国とは異なる支配へと向かう)と呼ばれるようになるということである。

こうして裸の／剝き出しの貧しさというものが現れる。それはつまり、何によっても正当化できない

***富める者**　「財産のある者が神の国に入るのは、なんと難しいことか」「富める者が神の国に入るよりは、らくだが針の穴を通る方がまだ易しい」(『マルコによる福音書』10‐23・25)。

****商人**　イエスが神殿で売り買いをしていた商人を追い出したという逸話は、四つの福音書の全てに書かれている。

*****「左の頬を差し出せ」**　「しかし、わたしはあなた方に言う。悪人に手向かうな。もし、誰かがあなたの右の頬を打つなら、左の頬をも向けてやりなさい」(『マタイによる福音書』5‐39)。

不正と排除による貧困である。かつて富は栄光を示していたが（記念碑、財宝、メンフィス*やスーサ**から、アテネやエルサレムに至るまでの豪奢な宮廷や神殿）、それは誰かからの略奪を（あるいはそれだけを）意味するものではなかったのである。[17] そして同様に出現したのは、裸の／剝き出しの弱さである。それは武器も持たず攻撃に晒されているが、しかしそれは今や別の種類の力をよりどころにする。ニーチェがユダヤ‐キリスト教的精神の中に弱者の台頭を見たのは誤りではないが、しかし彼は、弱さがルサンチマンには還元できないかたちで主張されるようになったときに強さ／力が経ることになるその変化を、はっきり見て取ることができなかった。正当性というものが欠けているとき（神の栄光への変容 transfiguration――戒律という装置一式を求めるもの――が欠けているとは言わなくても）、奪い取られそれ自身として蓄積していく富と権力は、その中でそれらが誇示されている関係を深刻に傷つけてしまうのである。

それが変化／配置転換の見事なまでの両義性である。変化は関係を促進しつつそれを脅かしてしまうのだ。それまでは戒律と帰属が結びつけるものであったが（過酷と思われる結びつき／拘束であっても。われわれにとってももっとも驚くべき形態は奴隷制であろう）、関係が広がることでその結びつきは二つの正反対の仕方で解かれていく。すなわち関係は、一方では戒律や帰属から切り離されるが、もう一方ではそれが形成しなければならない結びつきをも緩めてしまうのである。[18] 権力と富が資本化***された（そのように言えるとすれば）結果、弱さと貧しさは別の正義を求めることになる。その運動の拡大が今も終わっていないことはあまりにも明らかである。そしてまた「人権」や「社会主義」がどれほどキリスト教を継承するものであるかもわかっている。しかし「権利」や「社会」によって、理性が閉じ、囲い込まれていくこともわれわれは見てきたのだ。

6

慈愛／慈悲 charité〔英語ではチャリティ charity である〕は権利や社会によってではない別の回答をもたらそうとする。正義の要請から逃れるために慈悲の心で身を守ろうとする偽善のゆえに、それは当然のことながら卑しいものとみなされた。今さらその慈愛／慈悲に対してその力や衝動を（再び）与えようなどと考えることができるだろうか？

第一次世界大戦中に――それは実のところ配置転換の最終段階の始まりだったのかもしれない――人間の残虐性が噴出したのを見てフロイトは、そこに賭けられているものに見合うだけの答えを与えうるものはひとつしかない、それはキリスト教的な愛を命じる掟であると主張した。(19) 勿論、彼はそれは実践不可能であると判断していた。彼はそこに「文明の超自我」の常軌を逸した要請を見たが、文明の病の重さを前にしての彼の悲観論を緩和するものは何ひとつ、そこから引き出すことはできなかった。ある

＊**メンフィス**　エジプトにある古代王朝の遺跡。紀元前三一〇〇年の第一王朝時代から都として繁栄した。

＊＊**スーサ**　イラン南西部の古代都市遺跡。紀元前三〇世紀から紀元前七世紀にかけてエラム王国の首都として栄え、アッシリアに滅ぼされたのち、アケメネス朝ペルシャの王都となった。

＊＊＊**その運動**　資本主義の台頭の結果引き起こされた労働者や民衆の運動を指す。

いは文明そのものが病と化していて、といっても正確にはそれは「病」ではなく、したがって治療計画に従うようなものでもなく、むしろそれはまさに「悪」や「不幸」の具現であると、彼は悲観していたのである。しかしそれでもフロイトは、愛による解決法が卓越していることを強調していた。それはあたかも、近代に顕著となる暴力性はキリスト教が生まれた時代に与えられたということを一方では直観していたかのようである。そして他方では、この実践不可能な「愛」のうちに、徴や合図としての適切さを見て取っていたのかもしれない。手段としてはともかく。

〔「慈愛／慈悲 charité」の語源である〕カリタス *caritas* という語は何を意味しているのか。それは、値打ちを与える、貴重なもの *carus* として扱う、ということである。ギリシャ語のアガペ *agapè* のラテン語訳であるこの語は、アガペという語の持つ歓待、心配り、厚情といった意味を保ちながら、そこに値打ち、価値という意味合いを加えたのである[20]。自己目的化された富とは逆に、慈愛 charité は唯一の、それだけが持つ測り知れない値打ちを示す。それは各人の値打ちに違いない（カント以来、人間の「尊厳」を語るときはそれ以外の何を主張しただろう。だが発言されるや否や、それは抽象概念のうちに消えていってしまうのだ）。

それは実践不可能な愛かもしれない。とりわけそこに、「愛」と言えば誰しも思い浮かべる具体的な愛情表現や欲望といった意味合いが混じると、確実にそれは不可能なものになるだろう。しかし不可能であるということこそ、ここでは真理の徴候となるのかもしれない。関係に――あえてここで、全ての存在者のあいだの関係に、と言っておこう――意味があるのは、各々の項（「主体」）が唯一の、それだけが持つ／限定的な価値を担うことができる場合のみである。その限定性を明らかにするのは欲望や愛情表現のみ、アガペを張りめぐらせたエロスのみであり、そしてそれはある者とある者のあいだに限定的なかたちでしか生起しないということが一方で確かだとしても、それが全ての者に於いて求められるということにも疑いの余地はない。恋人たちは世界の外にいる。しかしそれを見せつけようが見せつけまいが、彼らは全ての者にとっての「外」を担っているのだ。そうでなければ、人間と世界を思考することなど断念しなければならないだろうし、全てを再び戒律——たとえばカースト制度や、尊厳があるものとないものとの対照からなる状態等——に委ねることになってしまうだろう。

愛が不可能そのもの（キリスト教では「狂気」と呼ばれる）を表明し、それを受け取る者にとっても与える者にとっても——両者を区別することが可能だとしたらの話だが——常軌を逸した身振りを示し、そして結局のところ、愛とはそれを「与え」たり「受け取っ」たりできるほど制御可能なものではないとしたら、その狂気——激しい性愛から熱烈な信仰にまで及ぶ——は次のことに全面的に起因するのだ。すなわち、私のうちの私自身にとって共約不可能なもの〔私「自身」を超過するもの〕から始めて、他者のうちの他者自身にとって共約不可能なもの〔他者「自身」を超過するもの〕へと差し向けられる／送られる s'adresse ことで、愛に於いて関係は熱狂にまで至るのである。こうして愛は、各人が唯一のものであることを証すが、しかしそれは各人の「二」を超過する唯一性／単一性 unicité によってなのだ。その証明はまさに不可能であり、それは提示されることも実行されることもない。しかし、彼方の世界も本質も持たない裸の／剥き出しの実存はその証を求めるのである。(21)

人間と世界を思考することを断念せず、しかも人間と世界を戒律に引き戻そうとはしないなら（その戒律は文明が「不安」と引き換えに解体した。しかしその解体の動きによって各実存の限定的な価値の意味が得られたのである）、次のことを理解しなければならない。すなわち、ある期間「キリスト教的」と自称した文明が普遍的愛を命じる掟を引き合いに出すことができたのは、宗教よりはるかに遠いところ、つまり文明そのものの変化／配置転換から生じたある要請に答える必要があったからなのだ。そういう意味では、「愛」は好みや愛情といったものではない――たとえ好みや愛情や熱情のための場も残しておくことが重要だとしても。なぜなら、愛はまずひとつの思惟なのだ。それはレヴィナスが語った「自己」へと回帰することなき思惟――純粋な躍動」[22]、他者の経験を通じ、それによって思考するという次元での思惟である。だがそこでは〔レヴィナスのように〕他者の倫理的な顔を引き合いに出す必要はなく、その他者がもたらす（あるいはその他者を支え／運ぶ）「外部」の力を経験 éprouver しさえすればいいのだ。愛とはつねに、たとえ性愛に於いても、ある現実を経験するという意味での思惟である。その「現実」がつねに「外部」をも意味するのであれば。だが愛が思惟であり、われわれにとってそうでなければならないのはまず、あらゆる実存者との関係が、そのような現実の経験であるという意味に於いてなのだ。そのあらゆる者との関係こそがまさに世界を**なす**。この世界は今やそれ以外の他の世界は有していないのだから。こうしたことから、この経験に至ることが全ての者にとって求められているのである。

まさにそれゆえ「キリスト教的」愛は厳密に、平等と不可分なのだ。キルケゴールはそのことを正確に言明している。「隣人とは実は、無条件に、全ての人間のことであり、いかなる差異もそこには示されない。隣人への愛はまさに、その対象がいかなる特別の差異もなく与えられているという点で見分けられる。言い換えれば、隣人愛はただその愛によって見分けられるのだ」[23]。この愛が全ての人に求められるのは、やさしい思いやりの感情が万人そして個々に向かって、一斉にあるいは順々に向けられるからではなく、その愛自身が本質的に、そして結局のところただひたすらに、平等を措定するからなのだ。

万人に於いて求められるといっても、単に「権利的に」というのではない。権利というものの中に身を置くや否や、あるいは権利だけで満足するや否や——その権利の必要性には疑いの余地がないにせよ——ある力が失われてしまうかもしれないのだ。私は慈愛の躍動にも、寛容にも、訴えるつもりはない。感情をなす（感傷的になる）faire du sentiment のではなく、意味／感覚をなす faire du sens ことが重要なのだ。したがって感じることはつねに重要であるが、しかし感じ取らなければならないのは、「尊厳」「値打ち」そして個々の実存の特異な「価値」がそこで示している共約不可能性との関係を持つことによってしか、われわれは関係というものを持ち得ないということなのだ。そうした代価を支払ってこそ——まさに当を得た言い回しだが——実は値が付けられないその価値に於いて、われわれは関係のうちで賭けられたものを尊ぶことができるだろう。すなわち人間が、人間どうしそして全ての存在者とのあいだで、世界内に存在するということの賭け金を。

その値打ち、測り知れないその価値へと差し向けられるのがアドラシオンである。それは評価し得ないものの価値を推し測ることである。われわれはそこへと運ばれ、そこへと駆り立てられる。それゆえ徳／力 vertu のうちに欲動のエネルギーを認めなければならないのだ。なぜそうやって駆り立てられるのか。それは人間が意味からなる存在だからであり、意味——それを価値と名付けてもいいが——とは値打ちが測り知れないものだからである。それは絶対的な価値なのだ。「全ての他者への愛」とは、一見センチメンタルでおめでたい言い方であり、また実際問題として不可能——心理学的にも社会学的にも——なのだが、それは単にわれわれが向かう価値を示しているのだ。われわれは全く偶発的な実存であるというその事実によってのみそこへと向かう。望もうが望むまいが、信じようが信じまいが、われわれが意味に巻き込まれ、つまりわれわれという存在が意味の存在である以上、そこへと向かうのである。その価値は絶対的であると同時に、われわれの実存そのものと同じように複数でもある。その価値とは、あらゆる実存が互いに送り返すことの「価値（力）を持つということ valoir」それ自体である。世界というものの存在は意味の存在である。世界はそれ自体で、あるいはわれわれを通じてそうなのだ。どちらも結局同じことである。われわれ自身が世界に属しているのだから。しかしわれわれは世界にとって、世界のうちでその外部として開かれる／自らを開くものなのである。その外部が、それだけで、世界に「世界」としての真の次元、すなわち関係の可能性、潜在力そして活力を与えるのだ。

7

意味の欲動——意味の、そして意味の中断である真理の欲動——はわれわれのうちで、またわれわれを通じて、正義を超えてあるいは正義の卓越（誇張的な徳）として、それだけで権力と金銭の周知の体制《レジーム》を動かしうる力である。その体制とはつまり、資本と技術という語で言い表されるもの、別の言い方をすれば、尊厳がそこかしこで破壊される中を目的だけが際限なく蓄積されるという形でますます顕著に現れているもの、さらに言えば、文明の「不安」（厄災とまでは言わなくても）のその先の漂流である。

では他の二つの徳は何を求めるのか。それらは三番めの徳〔愛〕にひたすら奉仕するのみなのだ。〔ひとつめの徳である〕信 la foi は何よりも信頼 confiance の力として与えられる。(24) だが私がその信頼を寄せる対象について、確信や保証を与えてくれるような知を私は決して得ることができない。信は信仰 croyance とは異なる。信仰というのは脆弱な知であり、それは脆弱ながら不可能ではないという程度の、幾ばくかの保証やもっともらしさを備えている、それに対し信は、非‐知という危険へと自らを露呈するのだ。その非‐知とは無知のことではなく、知に対する超過のことである。しかし信がなければ、意味の圏域すなわちまずは言語というものの圏域へ入ることすらできないであろう。ことばへと接近するということは、意味への信頼によって、そして他者が私を意味へと誘《いざな》うということに対する信頼によって、すでに駆り立てられたということである。子どもが言語を学ぶのは、本能や模倣によってではない。周囲が子どもにそのような信頼の空間を開くことで、子どもは言語を覚えるのだ。それゆえデリダは「信のうちで、問題以前にあるいはそれを超えて同意するもの、ある言語やある「われわれ」というすでに共通の体験のうちで」(25) と語ることができたのだ。そういった理由から、一神教全体に於いて「神」への信とは、未知で不可知の、いかなる形象にも合致しないような神——主人でも、王でも、裁判官でもなく、ついには神ですらないような——に対する信頼なのである。

次の会話には信の意味がもっともよく示されているかもしれない。ただしここではその意味は「信じる croire」という動詞によって担われているが。

テンプル「天はあるのかしら、ナンシー？」

ナンシー「わかりません。でも信じてます」

テンプル「信じるって何を？」

ナンシー「わかりません。でも信じてます(26)」

〔二つめの徳である〕希望に関しては、それは欲動の内的な緊張をもっともよく示している。それは何か――結果や結論――が生じるという期待ではなく、つねに何か、あるいは誰かが**やって来る**という信頼のうちで保たれる緊張である。それは後でやって来るのではなく、今ここに到来する。しかしながらそれがやって来るのは現前として実現するためではなく、その到来そのものによって私もそこに行くためなのだ。ここでもっとも適したアナロジーは性的な快楽やよろこびのそれであろう。満足ではなく、緊張が弱まるわけでも満腹になるわけでもない。それは二つの身体の関わり合い、すなわちそれらの触れ合いのうちに捉えられた二つの欲動の関わり合いの無限の緊張であり、その欲動が感じられるのは、意味の手前と彼方でなのだ。

欲動、それは他処から、外部から、どこでもない場所からやって来る推進力であり、その場所がそうやってわれわれの中に開かれる。欲動はそこからやって来るが、同時にそれが、その局限できない場を開くのだ。それは神秘からやって来て神秘を生み出す。神秘の閃光をほとばしらせ、再び自らの闇へと戻っていく。すなわち解決 solution の不在へ、脱 - 解決／解消 dis-solution へと。真理はそこに保たれる。

だがその真理のうちで各人の実存は守られ、敬われる／迎えられる salué。関係というものの衝動《インパルス》と意味の拍動《パルス》として。意味は一方の意味から他方の意味へと互いの実存のあいだを往来する。それは存在のいかなる恒常性も創始しないが、しかしわれわれの共同の現前――われわれの共 - 出現 com-parution* とわれわれの露呈／外 - 措定 exposition――にリズムを与えるのだ。

結局、欲動とはわれわれそのものなのだ。それは運動であり、到来であり、不意の出現であり、生であり、われわれという実存なのだ。それは実存の鼓動、その呼吸であり、それはわれわれという移動、可塑性そして変化である。それはわれわれの「われわれ自身」への不等性、異質性であり、そして他処から世界を、「無」から「何か」を隔てる力からやって来る張力と推進力である。存在することの欲動、欲動として存在すること。われわれはその欲動に担われている。それ自体で措定された存在への無限の隔たりとして。意味、言語、実存するということの実感。

*

真理。それはひとつの存在 être ではなく、ある存在の真理でもない。だがそれは真の実存 existence で

＊共 - 出現 com-parution　われわれは世界に共に到来するということ。単独で存在する実体が複数で同時に出現するということではなく、根本的に共同ではない存在は世界に到来し得ないということ。Jean-Luc Nancy, Jean-Christophe Bailly, *La comparution*, Christian Bourgois, 1991（ジャン＝リュック・ナンシー＋ジャン＝クリストフ・バイイ『共出現』大西雅一朗・松下彩子訳、松籟社、二〇〇二）を参照。

ある。意味作用は持たないが、しかしそれは讃えられる／敬われる salué ことの意味を付与されている。結局、それはひとつの名である。「神」というのが名である（であった）ように。ユダヤとイスラムの神にとってその名は名付けえぬ名であり、キリスト教の神にとってその名は、一般名詞が大文字によって固有名詞となった Dieu となり、またある一人の人間の名ともなった。そうやってあらゆる名となり、あらゆる名の発音不可能性となり、それは名付けえぬものにとどまった。なぜならいかなる「固有の」名に於いてもそれは意味作用を持たないのだから——もしかしたら人間だけでなく、あらゆる存在者が名を有しているのではないか。

欲動。それは惹きつける魅力、欲望、快楽である。ただわれわれが互いに関わり合うことの。ただわれわれが互いを名付け合い、この世界を通過していることを互いに認め合うことの。そしてこの世界自体も、無と無のあいだを通過しているのだ。「知覚する者は誰でも、自分が知覚しているものを知覚するというよろこびを覚える」(27)。そのよろこびへと駆り立てる躍動のうちには、駆り立てる単なるひとつの力以上のものがある。その力は力自身の彼方へと向かう。あるいはこう言ってよければ、「欲動」とは、力一般のうちで、その力を自己との差異〔力自身との差異〕のうちに組み入れるものの呼び名なのだ。他の力との差異が力それ自体に属しているというだけではなく、力の持つ推進力はその力を力自身を越えたところへと運ぶものなのである。欲動は欲動自身ではないものへと向かう。それは欲動には「対象」があるという普通の意味によってではない。欲動は対象になり得ないものへと向かうのだ。次のように言えるかもしれない。存在や意味のもっと先へと向かうのは主体だが、主体が向かっていくその「さらなるもの surcroît」とは実は主体自身で「ある」のだと。たとえば世界を見ることで、主体は世界から見られているように感じる。そして語るときには、言語の中で、言語によって、言語より遠くへと——そして沈黙よりも遠くへと——運ばれるような気がするのだ。

アドラシオン。それは世界にわれわれが実存していることを認識する運動、そしてそのよろこびである。だからといって世界に存在することが辛くも虚しくもないとか、不幸に苛まれることもないというわけではない。だがその不幸というのは、別の世（来世）に渡るための代償ではないのだ。それは何も購いはしない。しかし、われわれが生きることを断念しない限り、少なくともわれわれはときどき幾人かの存在者と挨拶をし saluer、彼らの名を呼ぶことができるだろう。崇拝する《アドレ》（〜に向かって語りかける）とは、名前が秘めている名付けえぬものを呼び、それを敬い／讃え／迎え入れる saluer ことからなる。そしてその名付けえぬものとは世界の偶発性に他ならないのだ。

8

この章のエピグラフにあるように、幻想が破壊されたならより無知になるだけだとしたら、神という幻想がひとたび破壊されたならその結果もたらされる無知は、神の代わりに／神の場所に à la place de Dieu あるかもしれないものがわからないということであろう。だがこの無知を、われわれはアドラシオンによって真理として受け入れるのである。それは「知ある無知」*〔二四一頁〕ではなく、おそらく「非 - 知」でさえなく、否定的なものによって保証を取り戻そうとするようなものでは全くない。それは、神の場所には何もない（神の代わりになるものなど何もない）、なぜなら神の場所／席などないのだから、という単純で剥き出しの真理なのだ。世界の外部は世界のただ中に開かれ、世界には首席も末席もなく、われわれは各々がその都度最初であり最後である。各人 chacun、それぞれの名 chaque nom がそうなのだ。だがわれわれの無知が深刻になるのは、あらゆる名に共通する唯一の固有性 propriété に名を与える——たとえばそれを再び「神」（別の神、全く別の／神とは別の神？）と名付ける——べきかどうかがわからないからである。あるいはそれにわれわれの全ての名を与えるべきなのか。あるいは「名付けえぬもの innommable*」という語をあえて口にするべきか。それがベケットによってわれわれにとってのキーワード（さらにはキーネーム）となったのは偶然ではない。しかしその語はつねにわれわれを、一種の卑怯な負担免除へと向かわせようとしている。あるいは逆にえも言われぬ ineffable ような彼方へと向かわせようとするが、そこでは失われたはずの幻想が再生しかねない。われわれはこの宙吊りの状態に当面身を置かなければならない。幾つもの可能な語り方のあいだで迷い、言いよどみながら。そうやって結局あらたな語り方を学んでいくしかないのだ。

＊

ニーチェは書いた。「神への信仰が消えたと今仮定すれば、あらたな質問が提示される。「**誰が**語るのか？」」。そして彼は続ける。「私が形而上学からではなく動物生理学から引き出した答えは、**畜群本能が語る**ということだ[28]」。

ニーチェはおそらく間違っていなかった。なぜなら、われわれは民主主義や人権や、技術を技術へと機械的に連鎖させる夢遊病的な方法にしかものを言わせることができなかったのだから。だが今や別の答えを見出せるようになることがわれわれの責任である。語るのは群れではなく、**われわれ**なのだ。それは位置付けることのできない主体であり、その都度、ある**私**のうちに出現する主体である。だがその**私**とは、**われわれ**として／**われわれ**のために pour *nous*（つまり「われわれの名に於いて」そして同時に「われわれに向けて」）語ることができるような**私**なのだ――その「できる」という能力がどのような性質のものであれ。そしてそこで話されることばは――それはまず外に向かって差し向けられることによってのみ**われわれ**に届くので――われわれの世界の真っただ中に開かれた巨大な外部へと差し向けられなければならない。そうやってそれは、この世界の意味なき意味／法外な意味 sens insensé について何かを語るのである。

その答えはニーチェの答えと対立はしないだろう。それはニーチェにとって障害となっていたものを乗り越えようとするだろう。すなわち、平等化の一般的体制としての民主主義を。なぜならそれは人間の平等化ではなく「価値」の平等化、つまり意味を削り取って平らにしてしまう体制なのだ。それを乗り越えるにはまず、「民主主義」には政治的形態とは異なるもの、とくに実存のあらゆる領域を政治の

＊**知ある無知**〔一三九頁〕 中世の哲学・神学者ニコラウス・クザーヌス（1401–1464）はその著作『知ある無知 *De docta ignorantia*』の中で、自己の無知を自覚することによって、初めてより高い認識に至ることができると説いた。

＊**名付けえぬもの** innommable　サミュエル・ベケット（1906–1989）の小説のタイトル。

もとで引き受ける形態とは異なるものがあることを理解しなければならない。その件に関しては別のところで論じたのでここではこれ以上触れないが。(29) ここでは次のことのみを言わなければならない。差し向け／語りかけ《アドラシオン》——あらゆる可能な語りかけのまさに外部へとことばを差し向けること《アドレス》——は、平等な主体たちの在り方としての「民主的な」在り方の条件なのである。なぜなら「主体」——他にいい名がないのでこう呼ぶが——の平等は、個 individus の平等ではないのだ。個の平等は法的等価性と経済的公平性に属するが、主体の平等は一挙に、不平等ではないが異質なものへと露呈されるのである。それは共約不可能なものへのあらゆる唯一的な関わりに於ける根本的な異質性である。というのも、その共約不可能なものからは、いかなる平等化の規則も（不平等化の規則も）決して引き出すことはできないだろうから。

*

語りかける者（ことばを差し向ける者）adorant とは、偶像を崇めることに身を投じる崇拝者 adorateur ではない。偶像というものに人はある力を認め、感じ、それを敬う（しかもその力に対して加護やご利益や救済を願ったりもする）。だが語りかける者は、そのような力の押しつけとは異なるところからやって来る差し向け／語りかけ《アドレス》に身を置く。そしてそれは、力ある者への讃美やそこから優遇を求めることとは異なるところへと向かうのだ。その差し向け／語りかけ《アドレス》はすでにひとつの答えであるが、それは命令や権威に答えることではない。それはある意味で自分自身に対してしか答えないことばである。そのことばは自身の開かれに、つまり言語活動のうちで意味作用の限界にまで進む可能性に答えようとするのだ。それは沈黙にまで、そして沈黙より遠く、歌にまで、音楽にまで進もうとする。音楽すなわち現在を開かれたまま保つものへと。その現在はある到来へと無限に開かれている。それはいかなる現在いかなる現前も保持できない到来、それゆえ絶えず戻って来る到来である。音楽とは、最初と終わりの永遠の回帰、一方が他方のうちに永遠に回帰することであり、それは**永遠**がそのものとして、つまり時間を開き宙吊りにするものとして回帰することなのだ。アウグスティヌスは（もう一度繰り返すが）、歌うことは二度祈ることであると言った。その二度めはあらゆる願いや期待の外での祈りを叶える／高める **exaucer** のだろう。

　実際、語りかけ《アドラシオン》が語りかける者を担い支えるのであって、その逆ではない。語りかける者は敬意や忠誠を表しに来るわけではない――敬意や忠誠が重要になることもあり得るが、それが第一の目的／場 **premier lieu** ではない。なぜなら何よりもまず、アドラシオンは、何も序列として測ったりしない躍動のうちにあるのだから。それはあらゆる尺度や場の割当てよりもはるかに遠いところから引き起こされ運ばれた、始原を欠いたものだとさえ言えるだろう。アドラシオンは、少なくともその生まれつつある状態に於いては、歌を歌うその動きに他ならない。きちんとした声、語る声がまだ発せられていないものの、まだ定まらぬリズムやはっきりとしないメロディーラインのまま、何となく、どこからともなく喉や唇にやって来る動きなのだ。

　その歌は、完璧な形に仕上げられた**オラトリオ**と、形のない**ハミング** fredonnement――その呼び名はおしゃべりや口ごもり、あるいは小鳥のさえずりや蟬のけたたましい鳴き声にまで遡る――のあいだに保たれ張りつめたようなそんな歌であろう。それは祝賀や、加護を求める祈りや、言語より前からやって来てその彼方へと向かう感嘆のための囁きや口ごもりである。それはまた救済なき挨拶として、救われる者と堕落する者、祝福される者と呪われる者といった対立とは無縁のまま、実存を讃え／敬い／迎え入れる saluer。あるいはそれは、「人間」とその「技術」に至るまでの「自然」全体を通じて、世界が世界自身を讃え／敬い／迎え入れている se saluer とも言えよう。人間とその技術は、自然が自身の技 art を極限まで押し進めるために生み出した。その自然の技《アート》とは、不可能なもの、共約不可能なものそして無限についての才覚《ノウハウ》であり、それはまた、世界とは、そのものとして置かれそこにとどまるためではなく、逆に「そこ là」をさまざまな隔たり éloignement へと開くためにあったという啓示である。それらの隔たりは途方もないもので、高揚させるようなものもあれば破局的なものもあり、崇高なものもあれば恐るべきものもある。それらはすべて、ひとつの同じ到来に属しているのかもしれない。唯一の、震える、危険な、それでいて決然とした到来。それはこの歌そのものの到来、その拍動でもあるのだ。

IV

補足、代補、断章

Compléments, suppléments, fragments

神々を失ったことを嘆くよう何かが命じたなら、それはかなりの確率で、神々がそう言わしめているのだ。(1)

至福　*Béatitude*

慣用句として人は安易に「満ち足りた崇拝 adoration béate」と口にするが、それは安直な信心、無責任な服従、さらにはひそかに自虐的な忠誠、といったものを意味している。この表現が決まり文句となったこと自体、名詞と形容詞の結びつきが単なる冗語とみなされていることを示している。つまり「崇拝」というものは、そもそも「満ち足りた、至福の、おめでたい」ものだということである。とすれば崇拝とは盲目的な服従における愚かな満足感のことであろう。しかし至福 béatitude とはどういうことか、服従とはどういうことなのかは実はよく知られていない。

至福 béatitude とは「幸いである bienheureux」状態という意味である。この語は、快楽、魅力、浄福、よろこび、享受（幸福という語も、ぎりぎりここに加えることができるだろう）といった用語と同様に、行動としてよりも状態を示すものとして解釈されがちである。このような一連の概念をひとつの総称的なカテゴリーにまとめるなら「愉しみ／快 agrément」ということになるだろうが、そうした概念は、実現のプロセスというよりは、すでに完成された状態であるとあまりにも安易にみなされてしまう（逆に「不愉快 désagrément」に関わることなら、進行中の行為は忘れられないだろう。苦しみや痛み、辛さ、不幸は絶え間なくつきまとうものだから）。

しかしながらここでは、至福という語は「享受 jouissance」と「満たされること／充足 comblement」の論理で考えることになる。満たす combler ものは、完全にする compléter ことにとどまらず、完全性そのものを溢れさせる。このことについてはもっと後で詳しく述べるつもりだ。厳密に言えば、至福とは「満足した、平穏な béat」ということに存するのではない。もし béat という語をほぼ同音語の béant（口をぽかんと開けた状態）、つまり信心、官能的快楽、貪欲さなどを堪能し愚かさのうちに停止している状態という意味で捉えるならば、の話だが。真の快楽は欲望のうちにある。[2] そして真の至福はある呼びかけに答える動きのうちにあり、その答えとは、ある質問への答えとは別の性質のものなのだ。普通の答えは質問を解決したり要求を満たしたりするが、ここでの答えはそれとは逆に、呼びかけをより遠くへと投げ返し、それをもっと先まで追うのである。

スピノザは、周知のように、『エチカ』の最後の命題に次のように書いていた。「至福とは徳に対する褒賞ではなく、徳そのものである」。そしてその命題の証明として「至福は神に対する愛のうちに存し、[その愛は] 作用している限り精神に関わるのだ[3]」と説明している。崇拝《アドラシオン》も同様に、それは何らかの完全性のうちに成就されるものでも、またはその成就そのものでもない。それは全き緊張、欲動、躍動の状態である。アドラシオンには、確かにある拍動のリズム、さらにはその不整脈があり、それは決して「満ち足りた béat」平穏ではないのだ。

逆にそのような完全化——満足、飽食、堪能、解決のうちにこそ、悪は存在しうる。つまりそこで無限から離れ、満足したまま停滞するということである。「偶像」の禁止の意味とはそういうことである。

偶像は崇拝者がそれを崇拝することに満足したとき偶像となる。したがってどんな神や悪魔も偶像となりうるし、いつでもそうなりかねないのだ。

そのかわり、崇拝が服従や畏敬の念や平伏へと向かうことがあるとしても、それらは必ずしも屈辱や、尊厳を断念することの徴候ではない。それどころか、それらはもっとも誇らしくもっとも高貴な行為から生じることもある。たとえばイスラムの教えの全て——前述したように「信頼して服従すること」——は、このような意味での服従をめぐるものである。神が「自分のことしか崇めてはならない(4)」と望むのは、いかなる権力や偶像——偶像化された神自身も含め——であれ、それらに対するあらゆる忠誠から距離を取ることとして理解できるかもしれない。

過剰な語り《パロール》 *La parole excessive*

「沈黙の彼方に」。崇拝／差し向け／語りかけ《アドラシオン》の特徴をそのように言えそうである。しかし沈黙の彼方とは、より深いあるいはより静かな沈黙ではない。沈黙はむしろ言語へと回帰するのだ。沈黙はつねに多かれ少なかれ誇張された言語とみなされる。つまり語を超過する意味、内奥に秘めた豊かな意味の宝庫とみなされるのだ。その意味で、「無言の崇拝」と呼ばれるものがある。それは沈黙が雄弁に語ることの、抑えられた現れない面を表す緘黙である。沈黙の彼方で言語に回帰するとは、言語のできるだけ近くへ戻ること、言語に於いて、そのものとしてはっきり表明したり名付けたりはしないが、それでいて名付けえぬ一者に近付いても消え去ってしまわないものへと戻ることである。できるだけ近く。そこでは言語は、自身の不確実性への、あるいはよく言われるように言語がその対象と不一致であることへの逆説的な信頼に於いて語るのだ。その信頼、それはこの上なく真の意味で言語の**理性** raison（この語のあらゆる意味で〔理由、原因、動機、理性、ロゴスなど〕）そのものである。その信頼は、意味作用についてのあらゆる保証、全ての記号の彼方にある究極の意味といったものの保証を超えたところへと一挙に向かうのである。

しかし言語はその意味作用を絶え間なくずらし、戯れさせ、震動させる。そうすることで、言語は語り、言語として認知される。言語とは、近似的なもの、ぶれるもののうちにあるのだ。それはどこからやって来るのか。世界のただ中に開かれた非 - 場所からである。そこから、それは開かれ、それは動き、それはやって来て、その到来、接近、変化を絶えず再開する。その揺れの中で全てが生起する。世界、生、意味、事物。偶発的で、不確かで、震え、揺らめくそれらが。

語り《パロール》はこうして、語り《パロール》を絶対的に超過するものに差し向けられる。語り《パロール》は、この超過への接近《アクセス》として価値を持つ。「人間」を通じ、世界の実存者たちの総体へと開かれた接近、それらの実存者たちを分かち、また彼らが分け前として有している外部へと開かれた接近としてである。そして人間すなわち「語る者」は、世界の実存者たちの総体の名に於いて、その利益のために、さらに言うなら、その総体を理由／原因／動機として存在するのである。つまり人間はそこから、世界に理由／説明を与え返さねばならない者としての自らの存在理由を受け取るのだ。人間は、理由〔理性、動機〕なしのもの、偶発的なもの、不安定なもの、たまたま引き当てた運、分け与えられた運命、といったものに理由／説明をもたらさなければならない。もたらされるのは理性を欠いた déraisonnable 説明ではないにせよ、常軌を逸した déraisonnée 説明かもしれない。そのようなものへと向かうことを過剰な語り《パロール》は余儀なくされている。それは際限なく発言し直され、終わりのない変奏として転調され、再開され、繰り返される。というのもその主題《テーマ》――理由／理性／動機がないこと、理由なき理性――は、それらの変奏とその過剰の外には決して出現しないのだから。イブン・アラビーは、「世界のうちに現前する存在は等しく神と連帯している。それは人間によって託された信頼のゆえである」(5)と書いていた。その託された信頼、それがことばであり、意味というものの開かれ――閉鎖／囲い込みが一切ない開かれなのだ。

過剰な語り《パロール》は際限なく語る。旺盛な文学的創造、夥しいフィクション、増殖する言述のうちで。しかしそれはまた無限に語る。するとそれはもう聞こえなくなる。そこには聞く（理解する）べきものはもう何もない。それは声そのもののうち、囁きという、ことばの端緒にとどまる声自身の摩擦音のうちで反響するのみである。それはもっとも秘められた声、言語の埋もれた心臓、苦痛あるいはよろこびのうめき声、意味への微かな接触である。語ることのこのような二つの様態《モード》／旋法は、互いに対立し合い、そしてまた互いによって成り立っている。それは雄弁な口述 oralité oratoire と、〔無限へと〕送られる口述 oralité adorante である。

その意味することとは、神々がわれわれを語らせるということである。言語とは、それが外から到来して外へと戻る（そしてまたそこに頼る／訴える）という点で神的なものなのだ。その外とは、言語そのものがわれわれのうちに、われわれの口を開かせることで開いたものであり、そして世界のただ中で、言語は「人間」というこの奇妙な徴／記号を開くのだ。しかしそれはまた、「神々」とはそれら自身、すみからすみまで一貫して言語であるということをも意味している。なぜなら彼らは名前であり、神話であり、呼びかけであるのだから。一神教では（そして全く違うかたちでではあるが、仏教に於いても）神は本質的に、さらにはもっぱら、語る者として表されている。神はしたがって言語に於いて消え去り、そこで呼びかけと答えに紛れ、そうして名付けえぬものとなる。

だがそれはさらに以下のことを意味する。名付けえぬものとは言語に相関しているのだ。名付けは名付けえぬものという地の上にしかあり得ないのだから、名付けえぬものとは実はあらゆる名付けのうちで自らを語る／言われる **se dire** ものに他ならない。名付けえぬもの **l'innommable** とはえも言われぬ（言語で言い表せない）ものではない、ということである。名付けようとすれば、事物や現実や実存者の到達不可能性、還元不可能性へと開かれる。ただ言語のみがその開かれを与えるのだが、同じくただ言語のみが、それを無限へとぽっかりと開かれた口、つまり言語外のものとして示してしまう。それでいて、それはまたことばのうちで、あらたに繰り返され再び求められることになるのだ。

このような意味で、崇拝／差し向け／語りかけ《アドラシオン》が自らの「対象」を作り出すということも理解しなければならない。何らかの物、何らかの存在があらゆる所与から無限に隔たったところに与えられ、われわれがそれらと言語の限界で関わらなければならないというわけではないのだ。まずあるのは語る存在たちで、彼らが露わにするのは、彼らのことば《パロール》は自らを超えた彼方で語るということ、そしてそれはある彼方について語るのではなく、彼方で語るのだということである。ことばはそのようにしてまさに世界を創造する。すなわち、実存を**無**へと関係付け、その無という地の上に実存たちが浮かび上がり、互いに関わり合うのである。拡張する宇宙、存在者の増殖、自らの欲望のうちに駆り立てられる生者、交換し合うあらゆる合図の拍動。それら全ては語る欲動のもとに再開され、繰り広げられる。その欲動はそれらを出現させる——欲動が宇宙や生物や記号を名付けるのだから——と同時に、それらを意味の無限のうちでより遠くまで後退させるのだ。

語り《パロール》は自身と意味を超えた彼方で語るが、そのことが意味を開く。実際、語りは語り出す前に彼方から自身を受け取る。語りとは語る動物のうちでそれが語り出せるようすでに賦活していたものなのだ。声帯や舌などあらゆる発声器官によっても、象徴化作用が活動するニューロンの網状組織によっても、結局のところ「自然」はすでに自らにことば《パロール》を送り出していたs'adresser。何の目的性もなしに、自然のうちでのその固有の意味の超過、自然が存在するというそのこと自体の超過として。だから神秘主義者は次のように語ることができた。「私が「彼」のご加護を求め祈っていると信じていたが、「彼」のご加護は私の祈りに先立っていた。私が「彼」に懇願し、また私が「彼」を知っていると思っていたが、「彼」の認識は私の認識に先行していた。私は「彼」を愛しているつもりでいたが、しかし最初に私を愛してくださっていたのは「彼」だった。私は「彼」を崇拝していると思い込んでいたが、「彼」はすでに地上の被造物が私のために奉仕するよう計らってくださっていたのだ」(6)。「彼」とは名付けえぬものであり、「被造物」が果たす「奉仕／お務め service」とは、ここで語っている者の務めでも、人間の務めでさえもない。崇拝《アドラシオン》／語りかけそのものの務めが、「私」を経てことばからことばへと無限に回帰するのである。

「十分考えられることだが、人生の栄光はそれぞれの存在のそばに、その充実のうちに存する。だがそれはヴェールで覆われ、深いところに埋もれ、見えなくなっている。[…] それを適切な語、その適切な名前で声に出して呼べば、それはやって来る」(7)。

崇拝と還元　*Adoration et réduction*

崇拝《アドラシオン》adoration は何よりもまず、還元 réduction と対照をなす。ここでの還元という語の中には、「現象学的還元」も含まれる。それは、世界そして自分自身に対するわれわれの関係の真の構成の判別を妨げるような自発的で非反省的と言われる態度を、一時中断することである。私はその現象学的還元について反論も批判もしない。だが私は自分の出発点として断固、世界や自分自身や他者との向かい合い vis-à-vis ではない別のところを選ぶ。それは**世界 - 内 - 存在** être-au-monde という立場である。これはハイデガーの *in der Welt sein* の訳語であるが、このドイツ語自体彼の意図をうまく表しているとは言えない。世界内存在とは、容器のような何かの「中に置かれて（位置付けられて）」いるということではなく、それは世界に属して、さらには内属していること、もっと正しく言えば互いが錯綜あるいは相互に包摂し合っているのであり、「私」は世界の「中」にいるのではなく、むしろ**私は世界でありまた**、世界は私であるということなのだ。同様に、世界はあなたであり、われわれであり、狼や子羊であり、窒素や鉄や光ファイバーやブラックホールであり、地衣類や独創的なイメージであり、「物 choses」についての思考であり、また同じその「物」の推進力である。それらの「物」が世界であり、世界をなすのだが、それらは実存する者全ての互いの関係に他ならない。その関係をわれわれは絶えず多様にし、複雑にし、増殖させる。ある歌の際限のない再演のうちに、それらの関係を修正し、様態（旋法）を変え、変奏する。その歌にはメロディーも歌詞も声の響きすらない。だがわれわれは、その歌を見失い、押し殺してはまた再開しつつ、絶えずそれを次のことへと差し向ける adresser。それは世界があるということ。世界は与えられている、まるで放棄された abandonné かのように与えられている donné ということ。存在と非‐存在、有限と無限、生と死、意味と意味のないもの insensé、これらの非常に特異な混淆が「実存 existence」と呼ばれるのだ。

　実存というものあるいは諸実存からなる世界とはまさに、関係の総体である。それらの関係は決して「ひとつの」世界を、まして主体に向かい合う客体（対象）の世界をなすことはない。それがなすのは、その用語を使い続けるならば、それ自体が「主体」であるような世界である。それはまさに関係性の主体ということであり、主体はそれら諸関係の統括的結びつきなのだ。諸関係の主体とはつまり、主体それ自身が――あらゆる主体同様――関係であり、関係でしかないということである。それは何かに（たとえば自己に／他に／同に／無に）向かう存在 être à‐であり、その存在することの全てが「〜に、〜へ（向かうこと、関わること）」に存しているような存在である。結局のところ、ハイデガーが望んだ存在論の解体は、以下のように書き換えることができるかもしれない。すなわち、「存在（名詞 être）」というものはなく、être とは動詞「**存在する**」であり、それはひとつの行為、あるいはむしろ諸行為の定義し得ない複合体を指す。それを構成するのは諸関係であり、その関係なしには関係の項（すなわち主体）そのものが存在しない、ということである。そして関係とは、差し向け／語り《アドレス》かけ、呼びかけ、勧誘、拒否、拒絶、合図、欲望であり、無関心でさえあり、あるいは実存の増殖を通じての回避である。実存とはこうして関係に応じ**自らを露呈する** s'exposer ことで**実存する**のだ。

そういうわけで、「存在 l'être」と「存在者 l'étant」のあいだには差異 différence はないが、そこにはデリダが名付けた――あるいは名付けずに名付けた――差延 différance があるのだ。それが示すのはすなわち、実存者 l'existant は自らを露呈し s'exposer、それしかしない、ということである。それは自身から離れるが、自身の最終的到来を遅らせるような隔たりによってではなく、逆に近さに於いて離れるのだ。その近さの微かな開かれによって、実存者は存在者の総体に接触し、またそうすることで、存在者全てを分割してはまた集める開かれの無限に接触するのである。開かれは存在者たちを他でもないその開かれそのものへと集める。それは世界の開かれ、世界がそれである開かれであり、それについて言うことができるのはただ、それを敬う《アドレ》 adorer ことを試みなければならないということである。それはただ、実存そのものの証言を開かれに差し向ける adresser ということである。結局のところ、私がここで「アドレ adorer」と名付けるのは、実存する／外へ向かうと決心すること、実存を選ぶと決めることであり、実存しないことや世界の自閉から方向転換することなのだ（自閉する世界、それは既定の意味、最終的な目的／終焉となることであり、石ころにも満たないようなものに化してしまった世界である）。

*

われわれの文化は、また別の還元／縮小にも運命付けられている。「**神話とは寓話にすぎない**」とよく言われるように、神話というものが、実体がなく人を欺く単なる作り話に還元されてしまうのである。そのような考え方はかつては「懐疑の思想」、すなわちあらゆるかたちの絶対的、理念的、無制約的なものに対して疑念や不信を表明する思想、と呼ばれた。この三つの言葉（絶対的 absolu、理念的 idéal、無制約的 inconditionné）自体がどうしても疑念を生み出してしまうのだ。しかしながら、**それらの語が求められるのだ！**　すなわちそれらを還元／無力化しないでいられるということが必要なのである。

神話に戻ってはならない。そのことについてくどくど論じる必要もないだろう。「あらたな神話」という試みもあるが、どれも長続きはしない――ときにはひどい結果を招くこともある。しかし神話作用と言われるものを無力化してしまってはならないのだ。神話作用とは、神話化するのではなく、神話がかつてその文化の中で操作していたことを別のかたちで再開し展開させる機能である。といってもわれわれの知とは異なる知の状態、われわれの目から見れば誤った幻想でしかない知によって何かを説明することではない。それはある経験（たとえば死者の現前や、火の不思議な力、生殖など）、つまり根底に於いては、限界のなさや測り知れなさや過剰といったものが、自然や生のうち、世界の常軌を逸した秩序のうちに書き込まれたものとして感じられるというその経験を表現することなのだ。

そういう意味でもフロイトは「欲動はわれわれの神話である」と書くことができたのであろう。欲動とは、われわれのずっと前からわれわれのずっと先まで――生／死まで、内奥／異質のものまで、外部を吸収し／吐き出すまで――押しやり連れていく力である。われわれはその力を経験する。というよりわれわれとはその力の経験なのだ。だがわれわれは欲動に身体的あるいは生理的な力という地位を与えることができない。またそれを本能とも志向性とも特定できない。したがってわれわれは**われわれ自身**を、何らかの向性が備わった有機体としても、意識を付与された主体としても同定することができないのである。しかしわれわれのうちで、われわれを通じ、そしてわれわれとして、そのようないかなる同一性（有機体や意識としての）にも還元されないものの力が働いている。それは無限の外部に関わることとして「自己」と関わるということである。

フロイトが「われわれの神話」と言うのはまた、もはや神話など有していないわれわれにとっての、という意味でもある。欲動は神話なき人間の神話を形成する。それはいわば純粋な神話と言えよう。つまりそこには神々や英雄の姿も不思議な出来事もなく、あるのはただ、意味や関係や世界を生成しながら生きようとするものの表象化できない推力のみである。それはまた、存在や関係の破壊や死へと駆り立てるような力でもある。フロイトによれば欲動とは本質的に可塑的で、それは移動し、変換し、その対象を変える。それゆえ欲動というこの独自で曖昧で定義できない推進力は、フランス語では複数形 les pulsions でも呼ばれうるのだ。

しかし欲動は、われわれのうちでの始原的拍動の反復、世界の開かれの反復に他ならない。その開かれが「起源」であるのは、自身につねに先立つと同時に遅れるこの拍動に於いてでしかない。それは必然性の収縮／偶発性の拡張であり、偶発性とは実存する者たちが世界へと、誕生と放棄が結びついたかたちで投げ出されていることである。他の何もわれわれを駆り立てはしない。この拍動以外の何物も、われわれのうちで、われわれを通じて駆り立てはしない。この拍動が言語として反復されるのだ。すなわち意味とその中断、その差し向け《アドレス》と散種の拍動として。

受肉／集積　*Incarnation / Struction*

普遍性と受肉。他のいかなる文明もその固有の本質あるいは命運を、人類の歴史のうちに神的なものが受肉することとして表したりはしなかった（人類／人間性 humanité と歴史というこの二つの語自体、キリスト教文明によって創造されたものである。人類／人間とはその文明の産物で、歴史とはその原動力の図式であった）。しかし受肉はまた、無限の哀れみをも開く。なぜなら受肉のうちには存在論的失墜があるからである。廃位させられ別の身分になるという意味ではなく、「存在」としての「落下、転落」ということである。底、土台を欠き、地面を欠いたがゆえの動きすなわち転落としての存在。西洋には地面 sol がない。西洋は地面の不在を**最初の所与として**発明したのであり、したがってそれは「不在」でさえなく、剝奪でもない。それは**外部** dehors が真理としてあらかじめ措定 pro-position されているということである。それは「内部の」真理ではなく、**内部というものの真の露呈／外‐措定** exposition du dedans、原理の完全な運動としての外への‐行動 ex-action あるいは外へ‐引き出すこと／抽出 ex-traction なのである。

同時にまた、いわゆる「救済 salut」のエコノミーのうちで賭けられているのが「創造」の全体であるのなら（「キリストの神秘体」が自然の全てを包摂しているということを主張する神学者もいた）、主張しなければならないのは、私が世界に触れるときは世界全体に、その力と拡張の総体に触れるということである。その接触／触れることは、内面性にも外在性にも関わらない。触れても私は世界を所有することはできないし、そこに紛れ込んでしまうこともないのだから。だが触れることで、「私」と「世界」のあいだに合致が生じる。それは本質的に最初の開かれ、*ex nihilo*《エクス・ニヒロ》、その突然の跳ね上がりの合致である。私は世界そのものと共に世界に到来する。そして自然の歴史に於いて人間とは、不意の出現の全てを再開し再び繰り広げる者なのだ。その出現とは言語である。それはまた技術すなわち第二の自然、代補、そして自然の代行である。開始と終焉／目的の際限なき増殖。あらたな時代は絶えず出現する。ワクチンによってであれ、蒸気機関、電気、核エネルギー——核分裂そしていつかはおそらく核融合——、サイバネティクスによってであれ。そしてあらたな目的は絶えず拡散し、自然や人類の目的という考えそのものを溶解させる。われわれは目的 **fins** という次元を完全に超えてしまう。もっとも終焉なき目的（あるいは目的なき目的）**fins sans fin** の次元は別である。たとえば生産や「財」、手段（何の目的のために?）、力（伝達や分析や組み替えの）は果てしなく蓄積し、寿命は伸び、銀河観測や宇宙探索は進む。だが同時に、人口は増え、飢餓や貧困は深刻化し、ますます目の詰まった布地／組織となった世界の表面の綻びがどんどん露わになり、このままではわれわれは実際全てを引き裂いてしまうのではという疑念がわき起こるほどなのだ。われわれは全てをずたずたに破棄しようとしていて、関係や絆の制度も破綻、分散、解体を余儀なくされているかのようである。

　あたかも人間は世界の代わりに、ますます組織的——相互依存的に結びついた——であると同時にますます蓄積的（積み重ねられ、並置され、詰め込まれた）であるような総体を再創造しつつあるかのごとく全てが推移している。それは真の構築 construction も、完全な破壊 destruction もない、ただの積み上げとしての**集積** struction* である。脱構築を行なうその動機は、まさにこの「集積 struction」の状態を明るみに出すことにあるのだ。この集積という事実によって、存在者のあいだの隣接関係が意味を変えたり、問題が生じたりしている。つまり意味の移行と雑然とした堆積の閉塞とのあいだで宙吊りになっているのだ。それは「要素／元素」や「界」や「種」の形成に先行すると同時に後続するカオスのような何かである。自然の構成 construction や人類の形成／教育 instruction の前そして後のカオス。

大まかに言って、「共に avec」ということの正確な内容が問題になっているのだ。存在者や言語や文化や時代や人々の多様性には何が必要なのか。超越的な統一性に包摂するだけでは不十分である。関係というものがどうなっていくのかを知らなければならない。ハイデガーが「共存在」について要請したことをどう広げ、関連付けるのかを考えなければならない。省略して言うが、ハイデガーは「共存在 l'être-avec」（*Mitsein*）の「共 avec」は、カテゴリー的にではなく実存論的に existential（すなわち配列や累積や並置の単なるカテゴリーとしてではなく、脱 - 存 ek-sistence の内的な条件として）理解しなければならないと述べていた。**

このような「共」についての理解を、ハイデガー自身はある「民族」とその「歴運」という次元でしか捉えることができなかった。*** 一方、共産主義はそれについて単に何もしなかったか、せいぜいそれを「大衆」（マス——多数、塊——と、もろに名付けられた）と捉えたくらいであった。だがまさしくこの「共」の理解と関連して、関係からなる文明の深層の無意識に於いて重大な決定がなされてきたのだ。

それはたとえば、一般等価性に即した交換、法政治的な平等性、それ自体で目的とみなされた個人の自由などのように、ある目的が別の目的のための手段となり、その別の目的がまた…という悪循環である。

私がアドラシオンとして示すのは、関係――われわれのあいだの関係、自己関係、世界への関係――のうちで、それを無限へと開くものを考慮するということに尽きる。その開かれがなければ、関係 **rapport**（その十全な意味に於いて。おそらくこの語だけがその意味を担うのだ）は失われ、ただの結びつき **relation**、つながり **liaison**、連結/接続 **connexion** だけになってしまうだろう。これら三つの用語が前提としているのは、主体あるいは実体は互いに結びつくが、その結びつきはしたがって存在の後に生成するものであり、存在に従属するということである。だが関係 **rapport** は存在に優先するのだ。その

＊**集積** struction　Aurélien Barrau, Jean-Luc nancy, De la struction, in *Dans quels mondes vivons-nous ?*, Galilée, 2011, p.90（ジャン＝リュック・ナンシー『フクシマの後で――破局・技術・民主主義』渡名喜庸哲訳、以文社、二〇一二所収の「集積について」）を参照のこと。

＊＊**～と述べていた**「集積について」の中でナンシーは、「私がここで集積と呼んでいるのは、分有という価値を欠き、単なる隣接関係の偶然性しか作動させないような、そういう「ともに」の状態〔…〕実存論的ではなくもっぱらカテゴリー的な「ともに」、すなわち意味をもたらすことのない単なる並置と言うことができるかもしれない」（同上書、九一頁より引用）と述べている。

＊＊＊**～ができなかった**「先駆しつつおのれのうちに死の威力をたかめるとき、現存在は死にむかって打ちひらかれて自由になり、その有限的自由にこもるおのれの超力において自己を了解する。〔…〕しかし運命的な現存在は、世界＝内＝存在たる限り、本質上、ほかの人びととの共同存在において実存しているのであるから、その現存在の経歴は共同経歴であり、共同運命という性格を帯びるのである。それはすなわち、共同体の運命的経歴、民族の経歴のことである」（マルティン・ハイデッガー『存在と時間』細谷貞雄訳、ちくま学芸文庫、一九九四、三二五－六頁より引用）。

関係こそが実は存在の意味を開くのであり、しかも「主体たち」はそのことに全く疑念や不安を抱かない。なぜなら関係とは、すでに与えられている主体たちのあいだに生じるのではなく、関係こそが主体たちを可能にする、つまり彼らを創り出すのだから。われわれのうちの一人一人は、ある関係によって生み出されたのではないのか。また世界というのは、諸存在の創造というより、むしろ諸関係の創造として考えられるべきではないのか。夜と昼の差異、物質や形式や思考の差異…これらの差異が、自己へと一様に帰着したひとつの存在のもとへと吸収／解消されることの無限の遅れ／差延。

受肉。神的な無限性がその実効性を、有限な存在者の関係のうちに有すること。意味とはしたがって本質的に有限であること。それは中断され、空虚な真理のもとに宙吊りにされる。結論によって満たされ窒息してしまわないために。

無 *Rien*

われわれにとっての苦痛、それはわれわれには地平がなく、そのためさまざまな不幸（病気や、不公正など）に対する理由説明もなく、罪を罰するための（「悪人」を指し示すための）根拠もないと自覚することである。西洋は自らの無‐限な（目的／終焉を欠いた）ロジックの展開のうちに自己解体したと言われるのはそういうことである。その目的を欠いた無‐限なロジック **logique in-finie** は、ロジックな無限 **l'infini logique**（それ自体が目的であるものが各瞬間ごとに現前する。それはその現在を句切りとしてではなく停止とみなす自殺行為を象徴している）の裏面をなしている。

この目的／終焉のなさの苦しみ（資本、等価性、悪‐無限）に対して求められるのが、差異化、別のかたちで価値を評価すること（ニーチェ）、つまり、「アドラシオン」である。


悪。われわれがわれわれ自身に敵対しかねないということに帰するその悪を、われわれは今や意識している。なぜならわれわれは無限に向かって自ら方向転換しないのだから。その悪はつねに、どんなかたちであれ、閉じた同一化、偶像化、余すところのない表象化といったものに起因する。つまり私があれやこれやの事象や誰彼のことを、善「である」とか、人間や世界にとっての真理「である」と言い出すや否や、私は悪に陥ってしまうのだ。しかしそこから逃れるためには、「相対化する」だけでは十分ではない。「相対的なもの」は「絶対的なもの」の地の上にしか考えられないのだから。絶対的なものを相対的な反対項なしに示さなければならない。各「一」の絶対性、各「今ここ」、永遠の各瞬間の絶対性を示さなければならない。そうすることで別のかたちの価値評価を開かなければならない。すなわち、絶対的に価値があるもの以外は何も価値を持たないということである。

そのような価値評価は次のことから生じる（ニーチェはそのことをほとんど理解していたかもしれない）。アドラシオンは対象を持たない。そしてアドラシオンはまさにその「対象を持たないこと」に存しているのだ。このことは、「何にも差し向けられない」そして「自分の前に何も有していない」という二重の意味で理解されなければならない。まず、いかなる存在や存在者にも、何にも差し向けられない **ne s'adresser à rien** とは、**無**へと差し向けられる／自らを差し向ける **s'adresser à rien** ということ、つま

り最小限の *res*（何でもないもの／大したことないもの petit rien）である「現実 réalité」へと差し向けられるということである。といっても、あらゆる存在神学の荘厳で圧倒的な現実 le Réel〔としての神〕ではなく、それは単に「ここに〜がある voici」とか「これは私の身体である ceci est mon corps」*と言うときの「何でもなさ／何気なさ rien」である。しかしその無に、つまりその微細さ——その偶発性、その無-意味性、そしてその**現実態としての無限性** infinitude actuelle（それに対立するのは、その潜在態としての無-限 in-finité、つまり潜在力 *potentia* そのものとしての終わり／目的のなさ sans-fin である）——としての無に差し向けられる／自らを差し向ける s'adresser ことが、絶対的な**外部**の合図として瞬くのだ。それはまた、あらゆるニヒリズムがそこでその「イズム」（送り返しのない、自身の完結性と想定されるもの）を失う無《ニヒル》の合図でもあり、そうしてそれはあらゆる完遂の地平から解放された非-完結性へと無限に開かれるのである。したがってアドラシオンとは、「そのようなものとして comme tel」と定義すらできないこの外部へと、差し向けられる／自らを差し向けることなのだ。

　もう一方の、自分の前に何も有していない ne rien avoir en face de soi とは、主体にとっての対象／客体 objet としても、あるテーゼに対する反論 objection としても、志向性の対象／目標 objectif としても、何も有していないということであり、したがって、微細で-偶発的で-意味をなさない「**無**」を有している avoir le rien ということである。しかも、その微細で無限なものを**面と向かって（正面に）は** en face 有していないということである。まさにそうなのだ。それは正面ではあり得ない。なぜならそこには向かい合わせ／対面というトポロジーによって方向が決まっている空間はないからである。あるのはあらゆるところから外部へと向いている空間である。無はその外部に直面するのではない。無が外部に出会うというより、外部が無に住みついているのだ。無が外部を取り囲むというより、外部が無を横断しているのである。

＊

「Lは何も考えていないと答える。そんなことはあり得ない。「何」は何か「もの」を示してるはず。無 *rien* 語呂合わせ *rébus* 現実 *réel* モノ化する *réifier* 共和国 *république* 権利要求 *revendication*…** 彼はものを考えている」(8)。

「私はすぐに苦しくなるの。ウイと言うにもノンと言うにも苦しむの。ときには何でもないことで。しょっちゅう何でもないことで。だって私には何でもないことがもう大したことなの。それがどんなことか言うことはできないけど、それはあるの。私がそれを表現しようとすると、みんなが私をばかにする

＊「**これは私の身体である** ceci est mon corps」 最後の晩餐の際のイエスのことば。「一同が食事をしているとき、イエスはパンを取り、賛美の祈りを唱えて、それを裂き、弟子たちに与えながら言われた。「取って食べなさい。これは私の身体である」」(『マタイによる福音書』26‐26、『マルコによる福音書』14‐22、『ルカによる福音書』22‐19)。ミサの聖体の秘跡に於いては、司祭の「これは私の身体である」ということばによって、聖別されたパンはキリストの身体を意味する記号になると同時に、キリストの身体そのものに実体変化するとされる。

＊＊**無** *rien* **語呂合わせ** *rébus* **現実** *réel*～ 原文で列挙されている語は、全て「もの」を表す *res* を語源としている。

けど[9]」。

内奥 *Intimité*

統一性それ自体。外部なき内奥。集中、浸透、内省、省察（反芻、「自分を」把握するという唯一の原理的不可能への際限のない回帰）の極みへと向かいつつ、内奥はそれ自身**外部**となる。それはまず開かれとなり、次いで退出、超過、高邁あるいはヒロイズムとなる。だがもっと先まで行けば、放棄、逃亡、さらには疎外、排除、追放。

しかしそれは、ほとんどいつも一方的なかたちで提示されるこれらの価値のただ中での、「絶対的に一であり内奥であること」の絶え間ない執拗さに応じて生じる。すなわち自己の外、全ての外に出るというこの外化に於いて、絶え間なく顕現し強化されることとしての「絶対的に一であり内奥」。

まずこういうことである。内奥とはいつも最初は、そしておそらくつねに、絶対的に、他者との親密性、他の内奥のあいだでの内奥であり、一人の人間の自身にとっての内奥ではないのだ。内奥 intime というのは、「内部 intérieur」の最上級であるが（アウグスティヌスから神への語りかけ《アドレス》は「私のもっとも内なるところよりさらに内に *Interior intimo meo*」であった）*、その最上級はそれ自体でさらなる比較級を求める。なぜなら、内部性の極み、「私自身」のもっとも近くにいながら、あるいは「この世」「地上」のもっとも近く、そしてまたもっとも秘められたところにいながら、私はさらなるものに触れるのだから。すなわち私は、私に他処から触れてくるものに触れる。その他処を私は、私の「中」とも私の「外」とも、あるいはこの世の中ともその外とも、どちらともみなすことができるが、それは私が限界に触れる／限界に於いて触れる toucher à la limite からなのだ。限界に触れる／限界に於いて触れるとは、不可避的にそれを越えることでもある。そして私は別のものに触れながらでないとその限界を越えることができない——他の人間、他の存在者、他の生者、あるいは硬い石でもいい。その不透明な抵抗が、私を私の外のもっと遠くへと運ぶ。

あらゆる内奥は「私のもっとも内なるところよりさらに内」である。もっとも奥でありながらそれはまた、それとしては底なし sans fond のものでもある。アウグスティヌスにとって、そして彼以来伝統的に、「神」とは底（限界）のない／限りない sans-fond ものの名であった。限りないものに触れるということは、より遠くへと逃れることでしか触れさせないものに触れることである。それは結局は、ある隔たりによってしか何かに触れることができないという接触の法則の誇張法によって触れることである。隔たりによって触れるのでなければ貫通してしまう。だが貫通するということは何らかの実体があるということである。ところがここにはそのようなものは何もない。あるのは、底／奥が外部へ、絶対的な他処へと無限に流出していくことの測り知れなさである。

＊私のもっとも内なるところよりもさらに内に *interior intimo meo*　アウグスティヌス（354-430　古代キリスト教の神学者）は『告白』第3巻第6章11で、「私はあなた〔神〕を私の外に探していたが、あなたは私のもっとも内なるところよりさらに内にいらした」と述べている。

そのような接触のことを「霊的 spirituel」と呼ぶのだ。それは「起源に於ける異質なもの」[10]に微かに触れる息吹の訪れである。霊／精神は、「内部と外部」という対のあらゆる組み合わせよりもっと「外」である外部に触れにくる。それは外部の外そのもの、あらゆるものの外である。それは、無／何でもないもの rien、すなわちそれ自体で——絶対的に、つまり全てから切り離して——注視され重んじられたあらゆるものの現実性である。しかし絶対的に（分離的に）注視され重んじられたものは（たとえばひとつの和音や、色のニュアンスや、声の調子の変化や、ある顔、丸い小石、一本の木などをそのように見ることができよう）、その「無／何でもないもの」のうちに注視の全てを吸収し、霊／精神それ自体を運び、それを音や色やまなざしや滑らかな不透明性へと変えるのである。アドラシオンとはそのようなもの、その移動の親密さ／内奥性／私秘性なのだ。

存在／関係／熱情 *Être / Rapport / Ferveur*

「自己自身に遅れる一者 *En diapheron eautô*」[11]。関係とはそのようなものである。それが「存在する」限り、あるいはその「存在 être」という語が「差異のない一者それ自体」ではないものを示すことができるのであれば。つまりここでの être という語は名詞（実詞）の「l'être 存在／在るもの」としてではなく、動詞の「être 存在すること」として響かなければならない。そのことは、ハイデガーが存在論の脱構築の端緒として明らかにし、その後も絶えず思考に働きかけている。ヘーゲルはいみじくも、一者とは自らの否定であると言い、また単なる存在は措定されるや否や自らを廃するとも述べた。だがデカルトは、「我あり Je suis」と言ったとき、実体でも措定でもない、発言や表明としての存在 être をまさに開いたのではないか。しかもその表明／宣言のうちでは、動詞は主語なしで働くわけではなく、主語は「suis」という動詞活用のうちに含まれている。しかし主語は「je」として切り離されてもいる。その主語代名詞「我 je」とは、「あり suis」の自己自身との差異に他ならず、その差異とは自己を現前させ、自己を表明し、自己を指し示す可能性なのではないか。[12]「我あり Je suis」という表明はすでに関係のうちにある。たとえ残りの世界に対しての退却という関係だとしても。その退却は何ら独我論的でも閉鎖的でもなく、逆にその退却が関係を開くのである。「私 je」とは、世界への関わり、「君」とか「われわれ」といった他者との関わりを示す。そしてそれはまた自分自身の存在との関係でもある。そこに関わらなければそれは「存在し」ない――だがそれが自身の存在と関わるのは、それが残りの全てに関わる限りに於いてのみ可能なのだ（「思惟する存在 être pensant」とはすなわち感じ、想像し、欲し、構想し、愛する存在である）。ここでは「意識」も、そして表象を下支えするものとしての「主体」も、ほとんど問題ではなく、問題となるのは関係付け mise en rapport なのだ。

ある関係の主体としての主体――ある関係の**中の**主体と言った方がいいだろう――は、それ自身その関係に依っている。したがって主体とは自らの差異による統一、ある緊張やリズムの統一である。つまりその統一はそれ自身可動的で、その可動性が緊張、欲動、切望、矛盾、対立、あるいは堕落と赦し、契約と破棄、開放と閉鎖をなす。それは自らのうちで遅れ、自らと異なり、そして自らを延期／差異化する。それは声のように、唇のように自らを開くものである。

それは自ら声を上げる。「大好き J'adore」「君が大好き Je t'adore」「あなたは素晴らしい Je vous adore」、これらは感嘆である。そこには歓呼も混じっている。しかしそれは騒がしい叫びではない。それは音もなく発せられることもあれば、弾けるように発せられることもある。それは沈黙を突き抜けその彼方へと向かうかもしれない。それ自身は消え去って、全体がある固有名詞の中へと滑り込んでいくかもしれない。そのときその名詞が意味するのは「君がいてくれるなんて！ Comme tu es là !」ということだろう。神々のあらゆる固有名の代わりに到来する「神 dieu」という名は、感嘆という純然たる欲動を引き受けたのかもしれない。それはいわば欲動そのものの欲動であり、官能的な躍動や愛のよろこびの増幅、あらゆる類いの偉大さ、美しさ、興奮——欲動そのものである興奮／運び去り transport——への祈願の倍加であろう。「神」という語は「何というよろこび！」あるいは「何て偉大な！」という表現として聞き取ることができる。それは測り知れぬ／共約不可能なものへの賛辞 salut である。その賛辞はいかなる種類の存在をも指し示さないが、自らで自らをただ賛辞として示す。しかしそれは驚いた／不意に捉えられた surpris 賛辞、驚きによってあらゆる文章の手前のことばで捉えられた賛辞である。それは厳密にはことばではなく声へと、名付けえぬもの（あるいはとりわけすぐれて名付けられうるもの——それぞれの名が秘めている超過や過剰によって——）の名をもたらすのだ。それは、単なる反響によって敬礼 salutation を享受 jouissance へともたらす賛辞、自らを言うことあるいは言われることを享受する「享受すること jouir」の賛辞である。

宗教は感嘆の声に満ちていた——ハレルヤ、エヴォエ（エウオイ）、ホザンナ、オーム、ジーザス、アッラー*…これらの感嘆は語の可能な意味を超え出てしまう。それは大声で訴え clamer、叫び exclamer、喝采し acclamer、そして表明（断言、宣言）する proclamer 声である。ただしそれは大仰にまくし立てたり déclamer、何かを要請したり réclamer はしない。「宗教的感情」と言われるものがこのようなことを指すのなら、それは戒律や信仰としての宗教からはかけ離れたものということになろう。それは、こう言ってよければただ単に、情動／感動 émotion のうちに——無限の関係というものの感動のうちに——捉われることである。確かに、情動はそれにつけ込んで悪用できるものである。それを知らない文化はおそらくないだろうし、司祭や教祖や呪術師たちが実際それを利用してきた。情動そのものはいつでも、高揚もすれば服従もするようにできており、その結果宗教の手に委ねられてしまった例は枚挙に暇がない（救済を求めるために情動が利用される際の怪しげなやり方についてもここでは何も言わないでおくが）。しかしながらそれだけでは、崇拝《アドラシオン》の熱情を怪しんだり、それを幻想にすぎないと片付けてしまう十分な理由にはならない。理性の脱閉域は熱情に向けても開かなければならないのだ。

ファシズムはその点で間違わなかった。ファシズムが情動を利用したのは偶然ではない。どのような力が利用可能なのかを知っていただけでなく、その力がはけ口を探し、干上がった世界のうちで表現を求めていることをファシズムは知っていた。「高揚／熱狂 enthousiasme」という語はギリシャ語で「神への移行」あるいは「神的なものの共有／分有 partage du divin」という意味である。神の死に於いて、ど

*ハレルヤ、エヴォエ〜　「ハレルヤ」はヘブライ語で「主をほめ讃えよ」の意。「エヴォエ」はバッカスを讃える巫女らの祝詞。「ホザンナ」はヘブライ語で「われわれに救いを」の意。「オーム」はバラモン教、ヒンドゥー教などインドの諸宗教における聖音。「ジーザス」はイエス・キリストのイエスの英語読み。「アッラー」はアラビア語で「神」。

うしてその高揚をもたらさずにいられようか。これは深刻な問題である。

まずは高揚の熱情と、ファシストの激高を混同しないことから始めなければならない。後者はつねに閉ざされた明確な形象(民族や政党、リーダーや思想、ヴィジョン、概念)に関わる。それは形状の決まった、閉じた、外部を持たない形象である。それはそのままの姿で、十全で、限定され、完成したものとして受け取られ、人々はそれに服従する。それは諂《へつら》い adulation であり、崇拝 adoration ではない。翻って崇拝《アドラシオン》/熱愛の熱情は、選び élection のうちに、選びとしての愛 dilection のうちに与えられる。その愛によって、唯一の価値、測ることのできない価値が与えられ、そして/あるいは認められる。選びがもたらす熱情とは、愛する唯一の人を絶対的なものとして熱狂的に崇めさせるような熱情だけではない。それは同時に、しかも矛盾なく、その興奮を他の全ての男性、全ての女性(あらゆる存在者)に対しても望むような熱情である。それは複数にしてまた単独な実存に向かう熱情である。すなわち各存在に向けて、つまり一人ずつ、他を排除して各自に向けて。しかしそれでいて権利的には全ての存在に向けて。そして実際には少なくとも幾人かの存在、唯一でありながら多形的なその「愛」の幾つもの様態に応える幾人かへと向かう熱情なのだ。

移行 *Passage*

「神」というのは、固有名詞 Dieu としては、名付けえぬものを名付ける名であろう。そして一般名詞

dieu としては、昼と夜 *dies / nox* の分割を示す。その分割は世界のリズムの幕開け、区別というものの一般の可能性の始まりであり、したがってまた、関係と移行の可能性の開かれである。

しかしわれわれは、もしその記号／徴が圧倒し、支配し、ひいては隷属させるような作用主になってしまうのであれば、それを消すこともできる。なぜならその場合、その記号は矛盾したものとなるからである。というのもそれは移行を廃し、移行者としてのわれわれも廃し、われわれを恒久的に祭壇や寺院や書物の前に括り付けることを望むであろうから。「神」を神学的そして形而上学的に固定しようとすれば必ずやそのようなことが起こるであろう。他のあらゆる名と同様に、神の名が何らかのかたちで固定されないでいることは不可能なのかもしれない。そこに隔たりや移行のぶれや揺れ動きを保つのは不可能なのかもしれない。

「神」とは、移行しつつ en passant という状態でのみ、そして移行者 passant としてのみ、名付けられるべきものなのだろうが。

人間とは、移行者の歩み le pas du passant である。その移行者に於いて世界は、始まりと終わり、限界と限りないもの、統一と分散、全体性と個別性といったそのあらゆる限界や条件を越えるのだ。その彼方への歩み pas-au-delà* とは、**意味**——すなわち**言語**——の所業であり、それはあらゆる形態のもとでの

*＊**彼方への歩み** pas-au-delà　フランス語の pas という語は「歩み」を表す名詞であると同時に、「…でない」という否定を表す副詞でもある。Le pas au-delà はブランショ（1907–2003　フランスの作家）のテクストの題名でもあり、その意味は「彼方への一歩」とも「彼方ではない」とも取れるし、pas の二つの意味を考慮して「彼方へは一歩も」あるいは「彼方への歩みなき歩み」などと訳すことも可能かもしれない。

外部への送り返しである。人間とは意味の存在であり、すみからすみまで一貫して**送り返し** renvoi なのだ。

あらゆる条件を超過し、固有の条件を持たない(「人間の条件」とは条件を外れたものである)人間とは、無条件/無制約的なもの l'inconditionné である。すなわち、条件も条件付けもなく、何の限定もなく、そして同時に絶対的で、原理や要請や至上命令 commandement souverain をなすということである。しかしそれは無の、あるいは移行というものの絶対的支配 souveraineté なのだ。移行、そしてそれ自身で際限なく増殖する送り返し――感覚《サンス》 les sens(五感やそれ以外の全ての感覚、電流、磁力、運動エネルギーの方向…)がそうであるように、そして sens という語自体が多義的な意味《サンス》を持つように――。なぜならまさに送り返し、各域が外部へと送られることが重要なのだ。その外部とは、すなわち送り返しの総体によってと同時に、あらゆる送り返しの完全な中断によって形成される全体にとっての外部である。

たとえば、知と想像力、言語と感覚、性と生殖、技術と自然、孤独と関係…これらはどれも交差すると同時に異質であるそれぞれの域である。何物も全体性を想定したりしない。まさにそのことが、崇拝《アドラシオン》/差し向けへと導くのだ。このような展開が再び閉じてしまわぬように。崇拝《アドラシオン》/差し向けとは、無限の超越への移行を認識/感謝する身振りである。したがってそれは、無限の超越の認識などまさにあり得ないということを認識する身振りでもある。無限なものを認識すれば、それを有限化し、限定する/終わらせる dé-finir ことになる。だから崇拝《アドラシオン》/差し向けは、認識し得ないものの認識でなくてはならない。そしてそれに対して私は頭を垂れる／敬意を表して会釈 m'incliner せざるを得ないということの認識である。頭を下げて会釈をしながら、私は有限なものを無限へと開くのである。

「崇拝」は「平伏、ひれ伏すこと」を連想させる。平伏には恐るべき両価性がある。一方では、それを前にしてひれ伏すものの測り知れなさを証し、他方では、そのへりくだりが利用されることを承諾するのだ。諸宗教にはそういう策略がつねにある。しかし宗教――戒律を守る宗教的構えという意味で――はまた、結局のところ、平伏の可能性を開く唯一のものでもある。ヘーゲルの次の文は、そういった観点からその意味を考えるべきなのかもしれない。「宗教は万人のものとしてとどまらなければならない。概念にまで自分を高めた者も含めて」。哲学者とは、宗教が表象するのみであった真理を、概念によって理解した者である。哲学者は何でもできるが、屈従だけはしない。それは当然である。哲学者には仕えるべき神も主人もいないのだから。それは哲学的思考の条件である。しかし実は哲学者は平伏しなければならないのだ。哲学者は、**哲学者として**、理性は理性自身のうちで無限に自己を超越するものを前に平伏するということを知らなければならない。哲学者はしたがって、崇拝《アドレ》する理性のみが十全に合理的で理性的なのだということを知らなければならないのだ。カントはひれ伏す。「二つのことが、私の心をつねにあらたな尊敬の念で満たす。頭上の星で輝く天蓋と、我が心の奥にある道徳律である」*。だ

＊〜の奥にある道徳律である　カント『実践理性批判』第2部結論にある有名な一節。

がここで理解しなければならないのは、天空と道徳律とは、理性の無限の開かれを示すための二つの名だということである。

その意味では、決して「何か」や「誰か」の前でひれ伏すのではない。何かや誰かを崇拝するのではない――同様にわれわれは自分の崇拝《アドラシオン》の主体でも動作主でもない――。重要なのはいつも、運動と移行としての開かれであり、あるいは他動詞的なもの transitif としての無限、われわれを横切り／戦慄させる **transir** 無限なのだ。

意味とは、ある意味作用をある宛先へと送ることではない。それは意味をなすこととしての送付、送付によって意味を運び、移動させることである――意味は移動 déplacement によって、つねに場違いの意味 **sens déplacé** となる。移行しつつ passant、束の間の passager、偶発的であるとともに秘かですばやい意味。ある記号／徴はいつも、移行しながら「サリュ！」と会釈をする。意味はしたがっていつも中断され、未完成である。意味（意味作用 signification という重くて十全な意味）の衰弱のみが、送付、送り返し、移行に必要な軽さを可能にする。意味は息吹の風のような軽やかな意味へと移行するのだ。ほんの微かに触れる、官能的で、いつも少しばかり無分別 insensé な意味へ。

この意味の衰弱／弛みのうちには、抵抗をもたらしうる撥条もまた宿っている。すなわち与えられた世界の拒否、この世を変える躍動（それは世界を変形させはしないが、そこに不法侵入することでそれを開く）。それはまさに今ここ *hic et nunc* での別の世界、あるいは世界にとっての他を言明するのだ。

経済《エコノミー》 *Économie*

そこから一神教とキリスト教が生じることになった変化／配置転換 mutation とは、語のもっとも十全な意味に於ける文明（この語そのものがまさにその「文明」の産物なのだが）の変化であった。それは世界への現前の様態とその意味の変化である。それはまた、世界に住まう方法の変貌――石器時代そして古代帝国時代に生じた変化に次ぐ三度めの大変化と言えよう――であり、家（住居、家庭、親族、使用人）*oikos*《オイコス》とその運営／家政 *oikonomia*《オイコノミア》の変化である。地中海世界はあらたな経済――商業、通貨、起業、拡大――の体制へと入り、それは数世紀に亘る前段階（潜伏期？）を経て、ルネサンスとともに十全な広がりを持つに至る。

この経済面での変化は、戒律の文化から関係の文化への移行として特徴付けられたものと緊密な対応を見せる。「対応」といってもそれは一方的な因果関係ではない。経済が表象や制度の分野によって変化するわけでも、逆にそれらの分野が経済によって変化するわけでもない。変化のうちでかなり生々しく把握できるのは、いかにそれらの分野あるいは領域が緊密に共生し相互依存しているのか、またいかにそれらが他ならぬある「文明」の全体的図式への帰属をまず示しているのかということである。そのような図式は、人間の歴史のもっとも深く秘められたところから、前進的でも後退的でもなくただ変成作用的な見えざる運動のうちに現れてくる。この歴史には意味／方向はない。少なくとも、導くような意味も方向付けられた意味もない。「意味／方向」そのものの気遣いが露わになるまでに歴史がついに至ったという意味／方向を除けば。

そこで再生産 reproduction の図式は生産 production の図式へと席を譲ったのだ。再生産に於いては、既存の状況の維持に充てられる富だけでなく、生の再生産と、戒律ならびに階級制の再生産もまた重要である。(13) すでに述べたように〔第Ⅲ章の5〕、暴力と富——両者はつねに結びついている——はそこでは栄光の所有の方を向く。しかし生産という体制に於いては、暴力と富は今度は逆に利益を生む所有へと向かうのである。生産すべきものとは、定義から言って、既存の状況の中にはなく、それは所与を越え、攪乱し、取り払ってしまう。生や戒律や階級制に代わって生産されるのは——というよりむしろ、生産の主体であると同時に対象でもあるものは——実存 existence、事業 entreprise そして法権利 droit である。それら三つの形態あるいは次元は、生成、変換、無‐限（目的／終わりのなさ l'in-fini）というエレメントのうちに一挙に与えられる。つまりこのような様態によっても、ごく一般的に**関係** rapport として示せるものへの移行が進んでいくのである。

生産の体制が真の発展を見せるのはルネサンス期であり、それは関係性（近代的概念——あるいは問題——としての社会、信用、リスクの引き受け、組織、輸送、探検など）の展開に伴うものであった。だがそこに至る前には二つの過渡的段階があり、それらはいずれも宗教との特殊なつながりによって特徴付けられる。まず古代ローマ時代である。この時代は、「前‐資本主義」に参入していたとはいえ、そこには「市民宗教」による枠組みがまだ保たれていた。だが市民宗教の遵守は、変化しつつある世界を支えるには無力であることがやがて露わになっていく。次いで封建制度という、もはや地中海ではなく北欧で広まった形態は、再生産へと回帰するように見えながら、そこには二つの世界あるいは統治〔現世と来世〕の区別によってはっきり定められた枠組みがあった。封建制度はキリスト教的実践と密接に絡み合っていたが、この世の領主の権限と天の主の権限は明確に分けられていたのである。

実存 **existence** の生産は、主体と個（固有の利益の主体〔所有者〕とみなされる者）の生産を連座させていた。生産の図式は、「固有」ということ一般に関して、かつてない問題系へと開かれたと言えるであろう。すなわち、私的なあるいは集団的な所有の問題、また生産技術——ますます自律的あるいは少なくとも自動制御的なものとなる（企業から工場、機械、さらにサイバネティクスやコンピュータへ）——の所有の問題、同時に所有や専有をめぐる諸権利——社会の所有権、国家の所有権、さらに「人権」と名付けられた制度《レジーム》の所有権——の問題である（その「人権」は「人間」に固有なものが何であるかを決定することが可能であると仮定している——しかし実はそのような定義は見つからない）。

このように際限なく拡大あるいは流出していく「固有」なものの総体（それはある文明が自らに提示できる、あるいは提示しなければならない固有の「需要」や固有の「目的」の総体ともなる）によって、限界なき「発展」と呼ばれるもののプロセスが開始したのだ。その発展は、われわれにとっては（「われわれ」とは、そのプロセスの行為者でありまた手段でもある）接収あるいは脱 - 所有（財や、文化や、アイデンティティの）、そして「疎外」あるいは「非正当性」への埋没としか思えないことの増大にもつながっている。

その発展がいかに非難や苦悩に突き当たっているかは今日では周知の通りである。われわれ人間に固有のものとして残るのはもはや、自律的で不可逆的とされるプロセスに奉仕することだけ——そしてその奉仕、その服従によって、今や生産の主目的となった利益の限界なき支配を受容することだけ――、という思いがそれらの非難や苦悩をもたらしているのだ。しかも直面している問題はそれだけではない。発展はエコロジーのバランスを崩し、再生不可能な資源を浪費している。さらに医療や宇宙開発、身体や精神のコントロール、諸文化の変化（そして金融面での操作は言うに及ばず）など、さまざまな技術の可能性は恐るべき複雑さを呈している。

このような「発展」に対する統御や介入の権限を取り戻し、それを行使しなければならないことは明白である。その必要に迫られ、われわれは法律や制度や行動規則を作ったり改正したりしている。よく言われるように、資本主義の「モラル」を確立しなければならないのだ。しかしそのモラルを、個（その利益を含めて）のモラル、ひとりの「人間」――そのいわば形而上学的状況は不変のままとみなされる――に固有な属性のモラルとして理解するならば、それは確実に無力なものにとどまるであろう。なぜなら、それではそのモラルは、悪が生じる当の場所から、つまり個‐生産者‐権利の主体であるその「人間」から生まれることになるのだから。あるいは、たとえ革命的な様相のもとであろうと、そのモラルは、ある「人間」についてのこれまでの前提――前ほど明確に規定されていないものの――を実は継続するだけなのだから。マルクスは、「完全な人間」とは全面的な生産者で、社会的かつ個人的なその固有の実存から疎外されていない者だと考えた。しかし生産のその純粋な価値（実はマルクスに於いては、生産の価値は「価値」の観念そのものの基礎となっている。彼はそれを商業的価値と対立させたかったのだ）は、**いかなる**人間、いかなる人類を生産すべきなのか、という単純な疑問を覆い隠し、閉塞させてしまう。

今日おそらく求められているように、資本主義の内的な制御の形態に目を向けようとするなら――たとえばケインズがこれまでのところその第一人者であるが――、同じ問題は別の形でも現れてくる。次に挙げるケインズの主張は、力強く大胆で、二〇一〇年の今につながる現代的意義を持っている。「したがってわれわれには、宗教や伝統的道徳のもっとも確固とした原則の幾つかへと立ち戻る自由がある。たとえば、貪欲は悪徳であるとか、高利貸しは罪であるとか、拝金主義は忌むべきものであるとか、明日のことを思い煩わぬ者こそ徳と知恵への道を歩んでいる、といったことである。われわれはもう一度、目的を手段の上に位置付け、効用より善を尊ぼう。徳高き良きやり方でその日その時に必要なものを摘むことを教えてくれる人を敬おう。ものごとを直ちに享受することを知る、かのすぐれた人たちを。働くことも紡ぐこともしない野の百合を(15)」。

福音書に依拠することで、ユダヤ‐キリスト教的な――そして哲学的な――関係の問題から金銭の問題へとつなげる論法について長々と分析することもできようが、それとは別に、次のことを考えてみよう。聖書への依拠などもはや過去の思い出でしかないときに(ケインズにとってもすでにそうであった)、「ものごとを直ちに享受する」ことを具体的にはどのように思い描けばいいのか。「手段」より「目的」、「効用」より「善」を好むべきだというのは確かだとしても、その目的や善を一般的にはどのように規定すればいいのか。私はこれらの疑問形にいかなる皮肉も込めてはいない。ただ私が強調したいのは、経済の変化を語る際に引き合いに出されるマルクスや他のあらゆる学者――私の知る限り――と同様にケインズが、経済そのものやその制御から始めるべきではないことをどれほど明確に示していたかという点なのだ。まず考え始めなければならないのは、その「目的」、もしくはその「意味」からである。

あるいは平然と形而上学からと言ってもいいし、お望みなら「神秘思想的」とか「詩的」といった語からでもいい。だが何らかの名のもとで始めなければならない。そしてそれらの名や名前というその制度《レジーム》を思考し、無限の意味への関わりを思考する作業そのもののうちで、始めなければならないのだ。「市場」と呼ばれるものを規制し、制御し、さらには統制しなければならないことに疑いの余地はない。しかしこのような語でそれを語る限り、コントロールすべきその力関係に結局は従属することになってしまう。その力の働きはそれ自体、「文明」の奥深くでなされた、そのものとしては捉えようのない選択《オプション》の結果なのだ。それは丁度「資本主義」や「産業」が、世紀を経て匿名で秘かに進行する運動に依拠しているのと全く同様である。その運動の推進力は、意識や「理性」の命令でさえものともしない。そしてわれわれもまた、意識に於いても理性に於いても、これまでの選択を覆し方向転換させるような選択を決意することなどできない――もっとも、われわれが気付かぬうちに実はそれは起こりつつあるのかもしれないが。意志を重視する主意主義を説いても仕方がない。重要なのは、「文明」を揺るがす地殻変動の微かな動きをできるだけ適切に感じ、いかなる場合でもそれらをできるだけ適切に受けとめられるようになることなのだ。

その意味するところは、ハイデガーの「ヒューマニズムは人間の人間性《フマニタス》を十分に高く評価していない」という指摘を認めなければならないということである――もっともその人間性は結局、諸利益と諸権利の主体の本質として理解されてしまい、「脱‐存 ek-sistence」としての人間の本質のなさの考察には向かわなかったのだが――。しかしわれわれはハイデガーの指摘を認めるその同じ動きでもって、彼の思想から離れなければならない。なぜなら彼は多かれ少なかれ明白に、世界の「集立 arraisonnement」

を「忘却」(忘却されるのが「存在」であろうと何であろうとここでは問題ではない)へと結びつけたのだから。われわれはむしろ、次のように考えなければならない。何も忘却されてはいないし、何も失われてはいない。世界や人間のいかなる正当性も疎外されはしなかった。ただ「集立 arraisonnement」の理性が脱閉域されなければならないのだ。

それはハイデガーが言ったように、「ただ、ある神のみがわれわれを救うことができる」**ということなのだろうか。だとしても、一方ではその「神」の神性について理解を一致させるべきであろうし、他方ではむしろ、もはや「救済 *Rettung*」について語るのはやめて、すでに見てきたように、会釈する／迎え入れること **saluer**、「われわれ」を迎え入れる **nous saluer** ことを学ぶべきであろう。(18)

***集立** arraisonnement　ハイデガーは、現代の技術があらゆるものを、何かに用立てうるものとして捉えるよう挑発するというありようを、集立 Gestell と呼んだ。それは自然や人間から資源や労働を駆り立て、総動員することで、生産・増殖していくという技術そのものの本質的構造を示す。このゲシュテルをフランス語では arraisonnement と訳すが、arraisonner とはそもそも、理由や根拠 raison を示して相手が従うよう仕向けるという意味であった。

****「ただ、ある神のみがわれわれを救うことができる」**　一九六六年に行なわれたインタビューの中での発言。この対談はハイデガーの強い希望で彼の存命中には公表されず、彼の死後一九七六年になって雑誌『シュピーゲル』に掲載された(シュピーゲル対談「かろうじてただ神のようなものだけがわれわれを救うことができる」マルティン・ハイデガー『形而上学入門』所収、川原栄峰訳、平凡社ライブラリー、一九九四)。

万人／極み　*Tous / le comble*

差し向け／語りかけ《アドラシオン》の条件。それは「私 je」に先行すること。「自我 moi」とその塊《マス》（ひとつの自我という塊と、自我たちの集まりという「マス」）に先行するだけでなく、「私 je」そのものと、束の間で広がりは持たないにしてもあるポジションを持ち続ける「私」の局限性にも先立つこと。アドラシオンはもっと前の段階で生じるのだ。開かれは、私を遡って、私が口を開く前に開かれる。その開かれから「私 je」は生じるのだろうが、この段階ではまだ生じていない。まだ語っていない口の丸い、あるいは楕円の開かれ。それは音としてのことばだけでなく、沈黙の「言わんとすること vouloir-dire」にも先行する。アドラシオンの意味は「言わんとすること」の中にあるのではない。あるいは、この件に関するデリダの分析をもうひとひねりして、その意味は「言わんとすること」の放棄が言わんとすることを運ぶのだと言ってみよう。その意味は、手放してしまおうという欲望――声となり発したいという欲望――によって張りつめている。しかしその欲望自体は、逆説的だが、放棄 abandon によって担われ駆り立てられているのだ。放棄といってもそれは断念ではなく、内奥――もっとも内なるところよりもさらに内 *interior intimo...*――の信頼と同意、主観性や自己同一性よりもっと古くもっと大らかな運動へと与えられた信頼と同意なのである。

差し向ける／語りかけるのは私ではなく、「一者 un」ですらない。それは一者を経ることからなる全員なのだ。近しい者が次から次へとつながってできたその「全員／皆 tous」は、全ての存在者の接触、伝染を示している。それは集合としての「全員」でも、社会的な絆からなる「皆」でもない。かといって有機的あるいは融合的な合体でもない。それは近さのうちで経験され認識される「共に avec」なのだ。その近さとは「絆 lien」とか「結びつき relation」のように外的なものでも、共生や吸収のような内的なものでもない。「共に」というのは、注意を向けてくれる他者の目に映る私の在り方であり、あるいは、ある形や色——たとえば木とか道具とかの——が私の面前にとどまるのではなく、私の中に入り私を横切るがままにしたそのときの、それらの在り方のことなのだ。

それは「関係なき関係」というよりは、絶対的に、開かれと移行としての関係そのものである。[19] そしてそれが関係であるのはまず、開かれている「そのこと cela」に、すなわち「それ／エス ça」が向かって移行していく「そのこと cela」に、開かれと移行が作用 affecter し触れるその限りに於いてなのだ。したがって何よりまず重要なのは情動 l'affect 一般を開くものである。情動とはすなわち受容性、受動性、あるいは可感性といったものであり、愛情のようなものが生じるためには、それらがすでに与えられ、すでに開かれていなければならない。そして受容性——感受性、興奮可能性——をもたらすものは、まさに実存の複数性とそれらのあいだの実際の異質性に他ならない。その異質性とは、最終的な均質性が包摂されるような別の——あるいは彼方の——世界など存在しないということの論理的帰結なのだ。存在者たちは互いに——鉱物でさえも——触発し合う s'affectent。そして世界、あるいは世界の意味とは、この動揺 émotion のコミュニケーションの全体以外の何物でもない。その動揺とは、創造の震動なのだ。

このコミュニケーションに於いて、差し向け／語りかけ《アドラシオン》が、結びつきを廃しながらも融合や流出に帰着したりせず、また関係と非‐関係（同一化や同化――蕩尽や吸収といった）の両方を超過してしまうのであれば、アドラシオンは関係性の**極み** comble へと至ると言えるかもしれない。そこでは関係がその**意味**を実現し、露呈させ、あるいは解放する。満たすこと／充足 comblement としての意味。自らの躍動、運動、欲望を満たすこととしてのアドラシオンの意味。

愛に関して、ロラン・バルトはあえてこの**充足**について語っている。彼はあえてそれを思考し、措定し、欠如の必要性についての精神分析学の臆見《ドクサ》を歪曲するというリスクを冒す。いずれにしても彼は、彼自身が明言しているように、あえてそのことを**試みる**。その試みは、これも彼が言っていることだが、愛の試みそのものなのだ。未熟な愛（あるいは若さとしての愛）はそれを試み、満たし、満たされようとする。

すなわち、溢れようとするのだ。ロラン・バルトのように、埋めるべき欠如や満たすべきくぼみから出発してもいいが、だが向かう先は、（バルトはわかっているが）ふちを越えて溢れること débord なのだ。満たすこと comblement に於いて繰り広げられるのは極み comble のロジックである。つまり越え出る極限、それは越える限りに於いての極限であり、限度が度を越すことによって満たすのだ。問題はもはや埋めるべき欠如ではなく、欲望されるべき溢れ débordement、あるいは溢れる欲望である。それは結局、欲望そしてよろこびというものの本質であり、そのよろこびとは、欲望自身が自らの無限の再開によって得るよろこびなのだ。

享受 jouissance、あるいはむしろ享受すること le jouir とは、そういうことである。それは状態ではなくある行為、自身から溢れてしまう行為である。くぼみが埋められたらなくなるような満足ではない。それは飽和でさえない。飽和されたものはつねに、それを飽和させ溢れさせたものを滲み出させるとしても。享受とは、くぼみが満たされることを越えて、そして満たされたそのおかげで、膨張していくようなものである。といっても欠如がそれを満たすものをつねに上回るからではない。そうではなくて、くぼみは満たされることで、何ゆえそれが欠如ではなく潜在力 puissance、すなわち、さらに欲望するために受け入れる能力であるのかを明かすのだ。それはぽかんと空いた空虚ではなく、開かれであり、呼びかけであり、躍動なのである。

そして思考もそのようなものでしかあり得ない。思考はあらゆる思考力を超過するものを認める。思考は結局のところ、自らの無力 impouvoir そのものの力／潜在力 puissance として自らを示す。思考は、思考自身が思考できないものがあるということを思考しうる。「それより大きなものは何も考えられないというだけではなく、考えられうる全てより大きいと考えられるということ」。これはアンセルムスの論法で、*〔一八九頁〕その臆見《ドクサ》は神の存在論的証明となった。しかし思考を超越するものは、存在ではないし、存在に属してもいない。それは「存在」しないのだ、おそらく。それゆえ存在論的証明と言われるものは容易に頓挫する。しかしそれでいて、「存在」しないものが思考をより遠くまで運ぶのだ。

たとえばある映画の力や偉大さや美しさをなすものはスクリーン上にあるのではない。それはスクリーンを超える。映画を支えるのは欲望や愛であり、だからこそ映画を単なる物、作品、製作物とは別のものとして語ることができるのだ。

満たすこと comblement は、溢れること débordement と退去 retrait の両者を行使する。芸術あるいは愛は、そこで溢れ出て、そしてそこで静まり返り引き締まり、より厳格なものとなる。享受することは禁欲／苦行となり、本質の瞑想となり、容易に思考できないものの思考となる。それは肉体を痛めつける屈辱的な苦行ではなく、活力を与え生命をよみがえらせる苦行である。それは、前にはいつもさらなるものがあるということを知るよろこびなのだ。

溢れは必ずしも沸き立ったり流れ出したりしない。それはただ、気付かぬうちにふちを越える。ふちぎりぎりまで満たしたコップの水が、表面張力で軽く盛り上がり、微かにふちの高さを越えるように。満ちるものは震える。それは壊れやすいものである(20)。

その脆弱さは、「世界の外の世界の意味(21)」のそれなのだ。

霊／精神？ *Esprit ?*

「アドラシオン」が思考されるための体制《レジーム》あるいは領域をどう名付けたらいいだろうか。ここでは政治を扱っているわけではないことは明らかである(22)。そしてモラルや倫理または美学的見地に立っているわけでもない。これらの範疇に於いてアドラシオンを思考しようとすれば、むしろそれらの輪郭を超え出ることが求められるだろう。さらにわれわれは、哲学に関わっているのでもない。なぜならアドラシオンの領域は反省や分析よりも、むしろ行動のそれだからである。われわれはここで明らかに、今日では「スピリチュアル」と呼ばれるに違いない圏域にいる。この語はまるで、霊能者の熱烈で芝居がかった儀式の中から現れた傷だらけの亡霊のように、徐々におずおずと再び登場しようとしている。私自身、この論考の中で何度か「霊的 spirituel」という語を使ってきた。**〔一九一頁〕だがそれでもこの語が困難で重苦しいのは、そこに観念主義的あるいは神秘主義的な塗油式を連想させる音調《トーン》をいまだに強く感じるからである。

霊／精神 esprit をめぐる語彙を脅かすのは、「息吹 souffle」という語による意味の多重決定性である。

＊アンセルムスの論法〔一八七頁〕 ここで取り上げられているのは、アンセルムス（1033-1109 神学・哲学者）の主要論文『プロスロギオン』にある神の存在証明である。ナンシーは『脱閉域』に於いてそのアンセルムスの論証について次のように述べている。「この議論の総体は、次のようなものである限りでの思考の運動に基づいている、すなわち、思考とは、思考自身が思考しうる存在の最大値を思考しないではいられないが、またこの最大値を上回る超過をも思考しないではいられないというものである。なぜなら、思考とは、思考自身がもつ思考能力を超過するある何かが存在するということそれ自体を思考しうるからである。いいかえれば、思考（すなわち、知性だけではなく、まちがいなく心＝心胸も、つまり要請そのもの）は思考が思考自身を超える超過を思考するということを思考しうる――また思考しないではいられない。思考は透入しえないものに透入する、あるいはむしろそれに透入される。／まさにこの運動だけが理性をその無制約性のうちに生み出す、あるいは、次のような欲望の絶対性と無限性のうちに理性を生み出す、つまり、その欲望によって、人間は理性の無制約性のうちにおいて無限に生起し消え去ってゆくのだ。アンセルムスはこの点においてキリスト教の信奉者というよりは、遥かに、思考における近代的世界、思考の実存的試練という近代的世界を定義している必然性の担い手なのである」（ジャン＝リュック・ナンシー『脱閉域――キリスト教の脱構築1』前掲書、二七頁より引用）。

この語は呼吸――リズム、呼気、吸気――を意味するだけでなく、一種の魔術的な息のイメージと結びついているように思われる。そしてその息が、聖霊論 pneumatisme* で何とも安易に膨れ上がった価値観を再び吹き込むのではと危惧されるのである（とはいえ、前述した「聖霊 esprit saint」について述べたこと〔本書一一七頁参照〕を取り消すつもりはないが）。それ自体としての息とは、一気に吹き出された区切りのない発散であり、ほとんど聞き取れないようなものである。しかし「アドラシオン」のうちでは声が響く。響くのはことば、あるいは歌である。そしてそれらによって、意味作用の手前あるいは彼方で、呼びかけ、差し向け／語りかけ《アドレス》としての意味、つまり関係としての意味が響く。それは「サリュ！」からなる関係である。

なぜなら幾ばくかの関係があり、それしかないのだ。用語は――知や表象の「内容」や「主題」であろうと、「人間」や他の「存在者」であろうと――もはやほとんど重要ではない。唯一重要なのは、世界に存在するあらゆる者が分有／共有する関係なのだ。その関係は何も――網や罠にかかった意味など――もたらさないが、しかし全てのもの、万人を開く無限の関係である。その無限の関係にはただ有限性のみが働きかけるのだ。

*

崇拝／語りかけ《アドラシオン》は「それ／エス ça**」に向けて、そして「それ／エス ça」によって張りつめている。張りつめているといってもそこに志向性はない。世界に向けた現象学的志向性に代わる――あるいはそこに付け加えられる（どちらでも構わないが）――のは、世界の外へ向かう拡張である。あるいはむしろ内部の拡張、その膨張であり、ときにはそれは激高や裂傷にまで及ぶ。死に及ぶことさえある。しかし生の超過、過剰な生に向かうこともあるのだ。

開かれ、拡張、脱閉域――閉域を開かれ、解体され、解放され、脱‐世界化された dé-mondé 世界。

それは、「あたかも～であるかのように comme si」の展開であり、また（たぶん）その逸脱である。存在しないものへの関係、モデルなき模倣《ミメーシス》。

それは存在しないものへの関係である。なぜなら到達すべきものなど何もないのだから。関係付けられるのが「空虚」や無限の流失だからではなく、ただ単に、重要なのは、「崇拝される／語りかけられる」ものは、「何か」でも「存在」（あるいは「存在者」）でもないということなのだ。崇拝《アドラシオン》は遠くそのもの、隔たりへと向かう。それはある対象や目的からの距離ではなく、崇拝《アドラシオン》そのものが作り出し、それが開く隔たりなのだ。「誰か」やある「作品」を崇拝《アドレ》するのではない。しかし私が崇拝《アドレ》するなら、そのとき

＊＊塗油式〔一八九頁〕　カトリック教会では聖油の祝別と呼ばれる聖式がある。聖油は聖霊を伝える働きをするとされる。キリストという語の基になった古典ギリシャ語「クリストス」はそれ自身ヘブライ語の「メシア」の訳語であるが、メシアとは「油を注がれた者」つまり聖霊に満たされた者という意味である。

＊聖霊論 pneumatisme　聖霊の働きや神性を論じる神学。

＊＊それ／エス ça　フロイトによれば人間の心は「エス」「自我」「超自我」という三つの装置によって構造化されている。「エス」とは「意識の外にある〝それ〟」という意味であり、これをフランス語では ça と呼ぶ。「それ」とは、こういうものだと同定できるような実体ではなく、無意識に属し未知で支配できない領域であるが、人間のあらゆる活動の原動力となるエネルギーの源泉であるとされる。本書第Ⅳ章の原註19を参照。

まさに、崇拝《アドラシオン》の拡張である隔たりが開かれる。その隔たりは、崇拝《アドレ》される「その」人や「その」物を遠ざけるのではない。隔たりはそれらをも隔たりの中に運び去る。その隔たりはわれわれを互いに無限に隔て、しかもそれは**各自を自己自身からも隔てる**のだ。

隔たりはここでは二つの点（主体あるいは客体）のあいだの距離として価値を持つのではない。それは開かれとして、あるいは手の届かないところへもたらす拡張として価値を持つ。つまり、点や主体や客体（対象）や距離を指し示す可能性を逃れるということである。隔たりはただ単に、近いもの、もっとも近いものを遠ざける。共約不可能性／測り知れなさを開くことで。

実は崇拝《アドラシオン》は隔たりへと差し向けられ／自らを差し向け、それは遠く le lointain へと向かおうとする。なぜなら遠くこそが、あらゆる近接／近さを可能にするからである。

しかし遠くは隔たったままで、われわれは自分たちの脆弱さのうちに取り残される。そこには何かしら容赦のない（inexorable 願いを聞き入れない）ものがある。しかし崇拝《アドラシオン》は譲歩 exoration へと変わることはできない。一神教の神が「慈悲深い」と呼ばれたのは偶然ではない。神がわれわれの懇願に耳を貸してくれることをわれわれは期待しているのだ。だが崇拝《アドラシオン》はそれを求めない。崇拝《アドラシオン》はそれ自身のうちに、懇願あるいはむしろ哀訴――われわれは哀れむべきもの misérables である――を担う。しかし崇拝《アドラシオン》は同時に、その哀れさ／惨めさは失墜ではないと認める。その惨めさは偶発的な世界へとうち捨てられた／委ねられた abandonné という条件／状況なのである。その放棄 abandon はそのもののうちに、弱さと力の両方、混ざり合った有限性と無限性を秘めているのだ。こうして「サリュ！」は救済を求めることなしに交わされる――そして、交わされながらそれはまた、われわれを「徳高く、高潔に

vertueux」保つための術を提示する。すなわち、われわれが自分たちの躍動や欲望を断念せず、かといってそれらを満足させようとも思わないこと。その躍動がわれわれをつねにあらたに開くことを受け入れること。

遠いところ――死(23)　*Le lointain : la mort*

親愛なるユゴー

信を持つということは、つまり死を超える何かを信じることであろう。

確かにそうだろう。理性や何らかの意味によって物事を把握するあらゆる可能性を超え出てしまうものに於いてのみ、信というものがあるのだから。

まず、思い出してもらいたいのだが、信 foi は信仰 croyance のことではない。少なくともその本質としては。というのも、そこから先はその違いがややこしくなるのだ。信仰 croyance とは弱い知、つまり一種の推測であり投影である。知など見当たらないところに知の見かけだけはもたらそうという必要性によって、証拠がなくても人はその投影に同意する。一方、信 foi とは信頼 confiance、それももっとも強い意味での信頼、つまり結局は説明も正当化もできない信頼のことである。根拠を説明され正当化された信頼は、確実となり保証される。だがそれはもう真の意味では「信頼」ではないのだ。とはいえ、あらゆる信頼は何らかのかたちで根拠が裏付けられている。そうでなければ、「それ」ではなく「これ」に信頼を置くという理由がなくなってしまうだろうから。しかし、まさにそういう場合でも、信頼のロジックの究極の見地は、理由や根拠の不在ということなのだ。

信とは、それについて何ものも保証してくれない確信、それについての知覚も理解も与えられることのない確信に身を委ねることである。一方信仰とは、私の確信の「理由／根拠」の知覚、あるいは知覚や理解に準ずるものが何らかのかたちで与えられているような確信である。信仰はしたがって、ある表象――不明瞭でぼんやりし、きちんと限定されていないとしても――へと送り返される。しかし信の方には、厳密に言って、いかなる表象もないのだ。

死とはまさに、それについていかなる表象もあり得ないものである。死に於いては、「表象の主体」が消えてしまっている。つまり「私」という主体そのものが消えているのだ。そこでは、消えてしまった他者は、「彼」、つまり彼が生きているときそうだった「私」に近付こうとするいかなる手段からも逃れてしまう。**死者は**表象することができる――思い出のうちや、遺体の今の状況によってなど。しかし思い出のうちにせよ、遺体のうちにせよ、あるのはこの私の目の前の表象のみで、その他者〔死者〕自身である「私」はないのだ。

『私に触れるな *Noli me tangere*《ノリ・メ・タンゲレ》』(24)＊という私の著作の中で（君がその本の話から始めたから私もそのことを話すが）、私は二つのことを主張しようとした。だが実はその二つはあまりはっきりとは区別されないし、一方に対して他方を明確にすることもできない。

ひとつめは、アナスタシス *anastasis*** という語の意味（この語自体へブライ語からやって来たのだが）、つまり死者の「起き上がり」ということを強調しながら私は、再生や生の再開、生まれ変わり、つまり「別の生（あの世）」のうちでの単なる再開としての復活に反論しようとした。なぜならそのように表象された「別の生」は、同じ生、すなわち死者によって生きられた生、あるいは私自身の場合だとしたら今生きているこの私の生の投影にすぎないからである。傾向として、そのような投影は幻覚のようなものとなる（それは亡霊や幻影の出現などへ向かうかもしれない）。それに反して、私は復活を**意味（方向）**の転覆、つまり水平な死者の身体が垂直になるようなこととして示そうとした。死者は生き返るのではなく、しかし彼の生の意味――つまり彼の意味、「私」という主体であることの意味――が転覆するのだ。「～へ向かって行き」続ける代わりに、死者は動きを止め、起き上がり、その「私である意味」の最後の目的／終焉となるとともに、その完成した提示となる。その提示は同時に終結／閉鎖 clôture でもあるが、それは「成就」として正当化されることのない（たとえ、それが「充実した」豊かな人生だった

＊**『私に触れるな *Noli me tangere*《ノリ・メ・タンゲレ》』** この本のタイトルとなった「私に触れるな」とは、復活したイエスがマグダラのマリアに向かって言ったとされることばである（『ヨハネによる福音書』20－17）。しばしば絵画のモチーフともなったこの邂逅のシーンを基に、ナンシーは絵画表象の分析から始め、生と死、触覚と視覚、接触と隔たり、愛と復活といった諸問題をめぐる哲学的考察を繰り広げた。

＊＊**アナスタシス** *anastasis* この語は宗教的文脈では「復活」を示しているが、本来は自らを「起き上がらせる」行為を意味している。ナンシーはこの語を基に、死に於いて、その死の（つまり生の）単独性、唯一性が立ち上がる契機としての「復活」を語ろうとしている。

とか言われたとしても）終結／閉鎖である。そこで提示されるのは、「私であること」の意味それ自体に意味はないということであり、その（私であることの）意味は、包括的、神的な意味へのいかなる上昇（被昇天 assomption）や交代／止揚 relève にも依拠していないということである。だがまさにそのようにして、それは意味をなし、意味であるのだ。その意味は宇宙的な大きな意味作用に注入されるのではなく、その終わった「生」の明確な輪郭のうちで、はっきりと切り離されて保たれる。

それはハイデガーが、実存の「より高い可能性」として「不可能性の可能性」と名付けたことである。しかしデリダが示すように、その可能性は可能性としての自身を解体してしまうので「可能」なものとして把握され得ないし、したがって「より高い可能性」として所有することもできない。ハイデガーの言説は何としてもそれを所有可能なものにしようとしていたのだが。そこには原理的な脱‐所有があり、それは簡単に言えば、私は私自身の死に到達することはできないし、「私」としての他者（厳密な意味での他者）の死にも近付けないということである。ただ単に、近付けない（アクセスがない）のだ。言い換えれば、「…である意味それ自体に意味はない」というのは耐えがたい命題のまま残る。何しろそれは「意味」の意味を廃してしまうのだから。

しかしながら、あくまでも私が言いたいのは、意味をこのように――すなわち「意味」の消滅との関わりとして、あるいはその消滅に向けた送り出し envoi として――「理解」することで、何かに触れることができるということである。ただし触れるといっても「到達」もしないし、したがって「把握」することもないのだが。このように理解も結論も表象もなく、意味も奪われたようなかたちで、意味との関係のうちに身を置くこと、つまりそれはまた、意味を奪われ、それ自身が欠けたものとしての「私」

（自分あるいは他者）との関係を保つことでもあるのだが、それが「信」と名付けうることなのだ。というのもそれはあらゆる種類の知や表象の破棄を前提としているのだから。

垂直に移動すること（『私に触れるな《ノリ・メ・タンゲレ》』の話に戻るなら、その起き上がりの後に続くのは昇天Ascension、戻ることのない出発である）は、何よりもまずそのことを意味していた。

だが、「そのこと」が、それを支え関連付ける言説に完全に依存しているのもわかっている。そしてその言説が、死去（ここでも、私の死であれ他者の死であれ）による消滅や悲痛ひいては恐怖の前では無力であることもわかっている。それはあくまでも思惟でしかない。思惟という語の持つどうしようもない「抽象性」やその実体のなさという意味に於いて。しかし私は、生への回帰の確信や表象を再びもたらすような慰めの方法を求めているのではない。私が求めているのは思惟（私はそれが（抽象的であると同時に）物質的で感じ取ることができて具体的**でもある**と確信している）と、私や他者の死を前にしての畏れや不安あるいは見放された孤独といった経験とが触れ合う接触点なのだ。

接触点。ここでも『私に触れるな』のテーマがよみがえる。私はその論考の中でそのことに気付いて議論を展開させるべきであった。だが当時それは半ばしか自覚されず、表面化しなかった…。

それはともかく、その本の中で私が試みようとしたことの二つめの意図あるいは射程はこういうことである。いわゆる不可能なもの、すなわち姿を消し欠けてしまった意味についての思惟もまた、感じ取れる思惟、感情、感覚そのものであるし、そういうものでしかあり得ない。その思惟はあるかたちの知覚を伴っているのだ。といっても亡霊を見るといった幻影をもたらす知覚ではない――幻覚は思惟を解体してしまうのだから。それは死を知覚するのではなく、死者を感じるのだ。**死者**――私であれ他者であれ――を私が名付けるや否や、私はその死者を「死」の抽象化（死という「あの非現実性」――ヘーゲルのような言い方をすれば）から引き離す。そこで私は死者に別の生を与え始める。それは来世での別の生（死後の生）une autre vie ではなく、生きている者たちの世界に於ける「生にとっての他 l'autre de la vie」であり、したがってそれはまたひとつの生なのだ。死者たちの生――それは実は、数々の信仰によって、あらゆる種類の文化に於いて、作品や舞台になってきたものである（そしておそらくそこでは、諸文化のあいだでの限界や交差、あるいは接触もまた問題となる）。

われわれは死者を生かしておきたいし、死者が現実にいると思いたい。同様に、自分自身も死を超えてなおこの世に現前することを望んでいる（これは同じことではないが、今の時点では全部一緒に扱っておこう）。しかしそれは単に死者を「生かす」ことではないし、単なる表象でもない。むしろここでは、私にはうまく名付けることのできない領域、表象と思惟と感情と感覚のあいだで宙吊りになっているような領域に触れているということなのだ。なぜなら死者たちのその生とは、同時に彼らの非 - 生、つまり彼らの「私」という主体としての存在が完全に停止したということでありながら、**かつ**彼らがわれわれのうちに刻印した生でもあるのだ。その生は表象に還元してしまうことなどできない生でもってそこで生き続けている。死者の現前や、姿形や、声として私が知っていて感じているものは、その死者の真の痕跡であり、私の中に体内化された生きた痕跡なのだ。そしてだからこそ、死者の生きた現前とその完全な不在を同時に実感するのがかくも辛いのである。

ここでは、私はもはや先ほど定義しておいたような信 foi にはとどまっていない。かといって、劣った知としての信仰 croyance の中にもいない。というより私はここで、純粋な思惟と表象のあいだにいるのだ。私は結局のところ、完全に私自身のものでもないし、死者のものでもないような（死者はもう何も感じないのだから）そんな感受性の中にいる。しかしそれはわれわれの出会い、私と死者が一緒に生きたものから生じる感受性なのだ（それは単なる出会いや「一緒に生きたもの」を超えそれ以上に拡がることもあるだろうが、とにかくそれらの出会いの強度や親密さの度合に応じてその感受性は生じるだろう）。

死というものを、死者について考えることなしに思考してはならないのかもしれない。あるいは、死者をひたすら死に従属させてはならないのかもしれない。死者は、分子や原子が別の結びつき方や別の結晶化をしたかたちで、確かに世界にいる。それと同様に——この「同様に」は単なるアナロジーではなく、現実的なものなのだが——、死者たちは共同体（あえてこの語をここで使うが）の中にいるのである。それは世界の偶然性というこの全く取るに足らない存在を分有／共有する共同体である。この共同体は、フロイトが「**それ／エス** ça」と名付けたものと別物ではないだろう。それは結局、無意識という共同のものである。どんな名であろうと、あるいは名がないとしても、それはわれわれを結び、縛るものであり、しかもそれはわれわれ人間のあいだだけでなく、存在者たちの全体（われわれのうちの動物的なもの、植物的さらには鉱物的なもの…）に関わるのである。

ここでの問題は全て個別化 individuation をめぐるものである。死とは個別的なものであり、存在者の全体には関わらない（これは実はスピノザの考えである。問題はあるスピノザ主義を復権させることに存するのかもしれない）。しかし**死者**とは、それ自身としては、個でもなければ、存在者の全体へと単に分子が拡散することでもない。だが生きている個人もまた、単に自立性のうちに閉ざされた厳密な意味での個では決してないと言えるのだ。生きている個人は――「私」は各瞬間ごとに――全ての関係から作られてもいる。感覚から思想に至るまで、友人関係や読書や、想像力の全てそして「意味」をなすあらゆるものを経て、私はそれらの関係の中に取り込まれている。死者はこのような生によって今も生きていると考えられるだろうか。「私」という中心を、そして自己との関係という中心を示すことがなくても。

それを考えることは、表象に依ることでしかない。ということは信仰や、想像、空想、幻想に依ることでもある。しかし同時に、それは思惟からも、生そのものの経験からも生じる。いずれにせよ思惟は、現実のものとして措定しうる全てという観点から見れば錯覚や夢想としか思えないのに、それでいて何かしら真実を告げるようなものに接することを拒んではならないのだ。少なくともそれは告げているのだから。**関係**は死なない、ということを。

なぜなら重要なのは関係なのだ。私の母はある日、復活についておしゃべりをしながら最後に私にこう言った。父が亡くなって何年も経ってからのことだ。「夫に再会できる場所があると思わせておいて」。母はうまいことを言ったと思う。その場所がこの世のどこかにあるとも、この世の空間を拡大解釈したような彼方の空間にあるとも示さなかったのだから。それは全く別のどこか、でもどこか「場所 lieu」なのだろう（それはまた、ジャック〔・デリダ〕が「私はどこにいようと君たちを愛しているし、そこから君たちに微笑みかけている[25]」と言って示した場所かもしれない――それは「どこにでも」あり、たぶん「どこにもない」場所、しかしそれでいて〔デリダの言う〕「私がいるところ où je suis」なのだ）。場所と存在（**場所としての、そして関係、出会い、再会からなる存在としての**）。

勿論、死者は決定的に、取り消しようもなく、そして耐えがたいまでに不在である。不在どころではない。彼らは姿を消し消滅してしまっているのだ。当然ながら、いかなる喪の作業もその消滅を軽減することは決してない。しかし、メランコリーに陥り生のただ中で死んだようになってしまったり、生ける屍と化し、かといって死者の生とも合流できずむしろ死者との関係を硬直化してしまったりするようなことがなければ、われわれは生き、「われわれの死者」（戦没者に対して言うように）が先立ったのちも生き続ける。だがそれはエゴイストな本能ゆえではないのだ。それは関係の継続であり、そしてまた、未聞の場所で未聞の在り方によっての再会を期待し、そこへ近付くことであるかもしれないのだから。

信仰から離れて信を守ろうとするその限りに於いても、そのことを主張できると私は思う。幻覚でもなければ、あらゆる表象の完全な不在のうちで保たれる確信でもないそのことを。それらの二つのレジームのあいだをよぎるものは、概念ではなく情動 l'affect に関わっている。そして情動とは関係 rapport なのだと言えるかもしれない。

さて、君は言うだろう。「**私自身の死**についてはどうなのか」と。問題を全て他者の死の方に追いやってしまったと私を非難するだろうか。確かに。でも結局のところ、私の死については、他者の死を考えるときのやり方でしか考慮することができないように思えるのだ。ここまで述べてきたことの全てを、自分の死についても言うことができる。ハイデガーが言うように、私の死に於いて「私」は消えてしまい、その結果その死は「私のもの」ではなくなるというのは本当である。そしてまた同時に、ブランショがそうしたように、私の死を自分では絶対に所有できないということを強調し、**死ぬこと** le mourir ＊〔二〇三頁〕〔という動詞〉を終わりなく何度も繰り返すことに固執するのは正しいことなのだ。「死ぬこと／死にゆくこと」によって、私は自分から絶えず不在になり、あるいは意味を不在にする。絶対的に。しかし同時に、そしてまさにブランショがそうなのだが（プルーストのベルゴット〔『失われた時を求めて』に登場する作家〕の死の場面に戻ってもいいが）、人が物を書いたりするのは――映画を作ったり、曲を作ったり、絵を描いたり、何でもいいが――、次のことにいつもあらたに形を与えようとしているのだ。すなわち、**われわれはその「死にゆくこと」を互いに伝え合っている**、ということに。言い換えれば、われわれは意味の不在の意味を、そして理由も目的も保証もないものとの関わりを、分有／共有しているということだ。それは根底では、われわれは皆、信の中にいて、そこで通じ合っているということでもある。皆そうとは知らず、またそんなことを望んでもいないだろうが。

（ここでは、文章を書いたり作曲したりといった創作活動をする人たちの作品と、そういうことは何もしない人たち、ましてそれらの「作品」とは無縁なままの人たちとが、どのようにして通じ合うのかということは脇に置いておく。それはまた別の問題だ。だがこれだけは強調しておくが、**それは通じ合う**のだ。そしてそれはいつも、理由も‐目的も‐ない‐ものとの同じ関わり、すなわち死との関わりを伝えるのだ。死にゆくこととの同じ関わりを。勿論、それを隠したり抑圧したり否認したりするために思いついたありとあらゆる方法、たとえばいろいろな宗教や迷信や自己暗示の企てといったものもある。しかし結局のところ、完璧に幻覚に捕らわれている人はめったにいない。そして大半は、この死との関係を作り上げている非‐知を知らぬ間に身につけているのだ。そうでなければ、文明とか文学とか音楽といったものはあり得ないだろうから）。

私の死については、信と信仰のあいだの同じ対位法を再演することしかできない。そう、同じ**フーガ**だ。そのテーマはまさに、無限で結論のない逃走《フーガ》である。「私」という「意味の主体」の不在という主張に私の思考が捉えられるがままにするのと同時に、私の感受性には、関係というもの、実際のさまざまな関係の継続――ジャック〔・デリダ〕の言った「互いに待つ s'attendre l'un l'autre」*である――を感じ続けさせておくのだ。したがってそれは、夢見がちで無邪気で、そしてまた詩的でもある思惟でもって――詩的という語はここではそれが持ち合わせるあらゆる力を込めて使わなければならない――、もはや「私のもの」ではないであろう未聞の私の存在が「彼ら〔死者たち〕の存在」と**再会するであろう**未聞の場所について考えることなのだ。

実のところ、理性と無邪気さの奇妙な組み合わせに困惑せず、あるいは信が信仰によって支配されないようにしながらそのことを考えるためには、「私」というものは――私は――、局限的で分断された〔つまり厳密な意味で「絶対的な」〕自我 moi への唯一の関係ではなく、あらゆる関係の総体なのだと考

＊**死ぬこと** le mourir〔二〇一頁〕　ブランショが言うように、「私」という主体は私の死を体験することはできない。「私は死んだ」と過去形で言うことができないだけでなく、死を現在形で経験することもできない（それを語りえない）。つまり私は私の死を死ぬことができない。私が「死 la mort」という彼方への一歩を踏み出すことができずに、「死にゆく le mourir」という動詞の反復のうちにとどまることが生なのである。

＊**互いに待つ** s'attendre l'un l'autre　Jacques Derrida, *Apories : mourir - s'attendre aux "limites de la vérité"*, Galilée, 1996（ジャック・デリダ『アポリア　死す――「真理の諸限界」を［で／相］待-期する』港道隆訳、人文書院、二〇〇〇）を参照。

えることができなくてはならないだろう。それらの関係 rapport によってのみ、私は自我と関わる me rapporter à moi ことができる。それはまずもちろん言語によってである（まず、と言ったがあるいは、序列を設けず全部一緒に捉えながらかもしれない。つまり言語、まなざし、身振り、触覚。そして他の存在者、他の「私」たち、および「私」という主体ではない、あるいはそれを示せない他たちを感じるその感覚の全て）。それは自己との関係のうちでの自己との隔たりをめぐるあらゆる思想に、より真剣に（普段よりさらにずっと厳粛にと言ってもよい）入り込むことに他ならない。そのような思想のうちもっとも含蓄があるのはジャック〔・デリダ〕の思想だ。差延はまさにそれに応える思想なのだから。だがこの件ではそこにドゥルーズの「xへの生成変化 devenir x*」（「動物」に、「女」に、「知覚しえぬもの」になること）という思想を結びつけることもできるだろう。これらの思想の源は、自己意識とその「疎外」を論じたヘーゲルにも、次いで「主体」という幻想を語ったニーチェにも見て取れる。そしておそらくスピノザも「主体」に別のモデルを与えた。それは主観性に先立つものであり、そこでは「神」との関係、すなわち存在者の総体との関係は、まさに「物事を一種の永遠の相のもとに理解（概念）する」（訳はポートラ Pautrat のものだ）ことに存している。そこに於いて自己への関係が指し示すのは、自己同一性ではなくこの「一種の永遠」に基づく認識のよろこびなのだ。それはわれわれ自身の永遠性の認識であり、またそれと不可分に、他の人間たちと残りの世界からなる共同体の認識でもある。

　スピノザが「われわれが永遠であるということをわれわれは感じ、また経験上知っている」と言えたのは、その経験がわれわれの関係の経験だったからである。その関係が「自己」との関係となるのは、それが存在者の残り全てとの関係、したがって共約不可能な／測り知れないもの（スピノザはこれを

「神」と名付けた）との関係である限りに於いてのみなのだ。そしてその共約不可能なものからわれわれが得ることができるのは、よろこびであって知ではない。そのことから、ここでの「よろこび」とは、私が理解している形での「信」とさほど異なってはいないことがわかるだろう。あるいはそれは、スピノザが「知的な愛」＊＊と呼んだものなのだ。

「知的な愛」というのは、おそらく問題の核心／もっとも生きた部分 le vif（そう呼べるとすれば！）をかなり突いている。いかにして、そしてどこから、「愛」と「知性」を結びつけることができるのか。現代の用語でならこう言い換えられよう。いかにして、そしてどこから、自己同一性の差延とはまさに他（ある他者、あらゆる他性）への欲動と欲望でもあるということを理解すればいいのか。この問いに

＊ドゥールズの「x への生成変化 devenir x」　ドゥルーズ（1925-1995　フランスの哲学者）によれば、実在の世界と想定されているものは、存在という安定した世界ではなく、あらゆる存在は生への生成変化という流れのうちにある。しかし人間（あるいは主体）中心主義によって、われわれの思考や知覚や解釈が秩序化、組織化されてしまうと、世界の開かれを捉えそこなってしまう。そこでドゥルーズは、自同性からの逃走線を引く試みとして、「動物」や「女」「知覚しえぬもの」に「なること」（同一化や模倣や、単に視点を変えることではなく）を語るのである（ジル・ドゥルーズ＋フェリックス・ガタリ『千のプラトー』宇野邦一・小沢秋広・田中敏彦・豊崎弘一・宮林寛・守中高明訳、河出書房新社、一九九四およびジル・ドゥルーズ『批評と臨床』守中高明・谷昌親・鈴木雅大訳、河出書房新社、二〇〇二などを参照）。

＊＊「知的な愛」　スピノザが『エチカ』で説く「神への愛」は、理性に媒介された「知的な」愛であった。「神に対する精神の知的愛は、神が無限である限りにおいてではなく、神が永遠の相のもとに見られた人間精神の本質によって説明されうる限りにおいて、神が自己自身を愛する神の愛そのものである」（第5部定理36。スピノザ『エチカ』畠中尚志訳、岩波書店、一九七五から引用）。

われわれが答えることができるならば、われわれの永遠性――あるいは不死性――についての思考可能性と、そのことを感覚し、動かされるということの耐えがたさとのあいだの断層を、（少しは）埋めることもできるだろう。そうすれば、信と知のあいだの対立、したがってまた、信と信仰のあいだの対立を乗り越えることもできるだろう。

　しかしわれわれにはそれができない。それゆえ、熱烈な信仰心にもはや支えられていないわれわれは（かつてはそれが可能であったと仮定して、の話だが）、持ち合わせているいかなる思想によっても、自己自身を葬ることで覚える逃れようのない不安や恐怖を何ひとつ――ほんのひとかけらですら――取り除くことはできないのである。このように言ったからといって、私があらたなかたちの慰めを求めているなどと受け取らないでほしい。だが本当は、慰めと悲痛 consolation／désolation という*対のその先に行くべきではないだろうか。回復不可能な喪失がもたらす感情やその意味――いかなる喪の作業によっても取り除けない悲嘆――が、メランコリーと忘却という対を超えてしまっているのと同様に。なぜなら、たとえ回復不可能なものの意味が生の肯定と結びつくことがあるとしても、その生は全く回復などしていない。しかしそれは、生きていくことによって、死者と共に生き続けようとする生なのだ。そしてその生とは、場合によって、もしくは本人の気質次第だが――あるいは実は秘かに万人に於いてなのか？――、今この生のただ中で死者のもとに向かうのと**同時に**、もっと後に自分の番が来て死ぬときに、彼らのもとへと向かうということかもしれない。

　これらは全て、私もわかっていて繰り返すのだが、思惟にとっても感受性にとっても耐えがたいことである。思惟にとっては不可能を突きつけられるのであり、感受性にとっては苦しみが無限に続くのだから。しかし、われわれは耐えるのだ。人間の大部分は、この耐えがたさのうちで耐えている。[26]それは本能であるからだとか、茫然自失としているからだとか、あるいは迷信に惑わされているからだとか、単純に言ってしまうことはできない。人間の人間性にはもっと敬意が払われて然るべきであろう。それゆえ私は思うのだが――またしても信と信仰のあいだでだが――、われわれは皆、他者のそしてわれわれ自身の喪の悲嘆を通じて、あらゆる知や知恵や意識をも超過する「**耐えること** tenue」〔耐久、持続、維持、態度、品格〕を分有／共有するのである。

〔死を耐えることが〕思惟を超過するというのは、それと対称的なもうひとつの出来事、つまり誕生が思惟を超過するのと同様であるが――誕生と死はわれわれの偶発性の両極端である――、しかしその超過がまさに思惟を開始する。誕生と死は、単にわれわれにいろいろ思考させるだけでなく、それらは思惟を真に開く。思惟が共約不可能なものとの関係である限り、そして言語が絶えず名付けえぬものを名付けようとする限り。思惟とは――あらゆる様相のもとで、それが知的なものであろうと、芸術的、実践的、情動的なものであろうと――名付けえぬものに対しての、すなわち思惟を超過しつつまたそれを可能にするものに対しての感受性である。名付けえぬものは恐ろしいと同時に眩く、その正義は不公平で満ちている。しかし結局のところ、それはわれわれの欲動――生と死の欲動、欲望とよろこびの欲動

＊慰めと悲痛 consolation ／ désolation **という対**　ジャン＝リュック・ナンシー『脱閉域――キリスト教の脱構築1』前掲書所収「慰め、悲嘆」一九六頁参照。

——なのだ。享受し苦しむ欲動。思惟、言語、情動。それらは自らを溢れてしまう推進力であり、意味、感覚、感情なのだ。

信と信仰のあいだで、より正確には、信、知、信仰を頂点とする三角形の空虚化 évidement のうちで、吊り下げられ、定まらずに揺れながら自らを保っているカテゴリーがある。それはカテゴリーと言えるほどのものではないが、しかしそれは「感じること」の現実的で確固とした様態である。そのカテゴリーは「信じることなく信じること croire sans croire」として示すべきかもしれない。あるいはフロイトの「否認 déni」*（*Verleugnung* の訳）としてでもいいが、だがそれは「あたかも〜であるかのように comme si」と絡み合っているような否認だろう。別の世界（あの世）がないことはよくわかっている。だがそれを信じる、信じたい。ある可能な世界、というよりむしろ不可能ではない世界の素描を思い浮かべてしまう。それは意味をなす未聞の振る舞い、あるいは意味でさえなく、単にそこに身を置いて、何かに執着する振る舞いの素描である。だが執着するのは無／何でもないもの、信じるというこの欲望以外の何物でもないもの、あるいは信じるというこの欲望そのもの**としての**無である。それは自分自身を恭しく祈願する哀れな信仰ではなく、躍動の力である。それは知を装うのではなく、知の不可能性のただ中に知へと関わる可能性を開く。つまるところ、そのようにしてわれわれは文学を読み、またそのようにして文学は読まれるべきものとなるのではないか。われわれは、非現実的で信じがたいとわかっている物語を信じる。そのようにしてわれわれは、フィクションの誘《いざな》いに応じるのだ。それは表現しえない真理を架空化 fictionner し、加工 façonner し、描き出そう figurer とする（これは同じ概念である）。といってもフィクションのうちで、真理は厚かましい寓話として描かれるのではない。真理はまさにそれが描きえないものであるという点に於いて描かれる。こうして無限は完成／終了 finition を受け入れる。無限は有限なもののうちで開かれる／自らを開くのだ。

＊否認 déni　不安や苦痛をもたらす現実を、あたかもそれがないかのようにして精神生活を営む無意識レベルの心的防衛。

もし崇拝が去りゆけば、響く、彼の約束が鳴り響く。「退け、それらの迷信、それらの古い身体、それらの世帯、それらの年代。その時代はすでに滅びたのだ！」彼は立ち去らないだろう。どこか天から再臨もしないだろう。女たちの怒りや男たちの悪ふざけやあらゆる罪の贖罪を成し遂げたりもしないだろう。なぜならそれはすでになされているのだ。彼がいて、愛されていることで[27]。

補遺　フロイト——いわば(1)　Freud-pour ainsi dire

1

フロイトの発明に賭けられていたものをまたあらたに評価することが今日——時代の要請として——求められている。その発明は、すでに堅固なものとなっていた知に合流するためのものでも、そこに新大陸を加えるためのものでもなかったことは、ほぼ明確に理解されている。フロイトは知とは別のものを発明したのだ——ここで知と呼んでいるのは理論的な研究科目とか実践的なノウハウといった意味だが。実は、実践（精神分析の分野では臨床と呼ばれるが）が絶えず理論をもたらすという考え方そのものが示しているのは——このように言うと実用主義と混同される恐れがあるにせよ——、思想というものは、「分析」（どんな意味でこの語を理解しようと）そのものから逃れる、つねにより謎めいた深層から到来する推進力への開かれから生じる、ということである。なぜなら精神分析の「臨床」とは——素人がこんなことを言うのが許されるなら——何よりアクセスを開くことに存するからである。そしてそれは、何らかの暴露（覆いを取り外すこと）や原初的な意味へのアクセスではないという点で、その都度唯一／特異的なアクセスなのである。その意味で、フロイトの発明は近代の発明のうちで、もっとも明らかにそしてもっとも断固として、非宗教的なのだ。それゆえその発明は自らを信じることさえできない。制度としては（「学派」としてのみならず、医師の診察室としても、さらには「精神分析学」という学問分野の名ひとつを取ってみても）自らを信じることを回避することはできないが、しかし思想としては、その規則はまさに自身の自己同一性を遅らせるやり方のうちに存しているのである。

分析――まず第一に「治療」としての分析――は**終わりがない**ものである。たとえそれが**終了した**と宣言できるとしても、その時点からはっきりと、「フロイト流精神分析」と呼ばれるものへと押し戻される。分析は解釈を終えることはないし、われわれをいつまでも解釈へと向かわせ続ける。したがってそれは、「知」とか「ノウハウ」として想定され得たものよりつねにもっと先まで向かうのだ。それはあらゆる分析を超えたところ、デリダが「尺度も**回帰もない**分解」[2]と名付けたものへといつまでもわれわれを誘い続ける。

*

結局 **en dernière analyse**――そのように言えるとすれば――、フロイトはひとつの知など求めてはいない。彼の思想の変遷がそれを示している。その思想は絶えず、つねによりあからさまに危険な（「メタ心理学的」つまり形而上学的《メタフィジック》あるいは思弁的な）仮説や推測へと、次いでモデル化も構築もしづらい（「第二局所論 **seconde topique**」というより非 - 局所論的 **a-topique**）モデル（心的装置）へと、さらにフロイト自身が「思弁」「表象」あるいは「神話」（父殺し、死の欲動）と呼んだものへと、そして臨床的でない対象――実際「対象」らしくないもの（たとえば宗教、芸術、文明、戦争）――へと向かっていったのだから。

このことはよく知られているが、しかしながらさらに検討されて然るべきである。彼に於いて、われわれがより厳格にその真価を見極めなければならないのは、一方にある、科学的および道具的なモデルに基づく実証性（「治療」がその固有のベクトルを与える）と、他方に見られる、ある世界を叙述し想像し創造しようとする推力（フロイトが求めていたのはまさに、存在の立ち上がり levée とそこに働く力学を語り、描き直すことであった）とを分離する隔たりについてである。

といっても、その隔たりをこれまでなされた以上に正確に測らなければならないということではない（ラカンは、彼自身の知のフィクションを作り上げることで、彼なりにそれを測ることができた。もっともそのフィクションは、制度や機能あるいは職業上の道具的要請に従うものであったのだが）。

2

それにここで重要なのは、コンパスで正確に測るということではない。問題となっている隔たりはおそらく、フロイトの人生およびその思想の後期になるにつれてより顕著なものとなりつつも、それが取

＊**結局** en dernière analyse　定義通りには「最終分析として」という意味の慣用表現。直前に「分析には終わりがない」と述べたばかりなので、ナンシーはここで「そのように言えるとすれば」と断り書きをしているのである。

りうる十全な広がりに達することはなかった。しかしそれでも、その主要な動機が彼の全著作を貫いている。それはすなわち、「無意識」という語が示すものは魂のひだ - 奥底ではなく、魂そのものであり、こう言ってよければ、人間そのものだということである。フロイトは、デカルトが人間のうちのいまだ知られざる松果腺の存在を見出せると信じたのと同じようなやり方で、*人間に無意識を発見したのではない。フロイトは人間全体を再び賭けに巻き込んだ。彼が見出そうとしたのは人間のあらたな物語だったのである。

それはこの上なく断固として、非宗教的な物語であった。すなわちいかなる形の信仰にも依拠しないということである。たとえそれが科学への信仰であったとしても。フロイトにとって科学とは何より宗教的幻想から守るための要塞であった。しかし科学は彼にとっては対象の構築の保証とはなり得ず、それはせいぜい、人間を輝かしく変貌させようとする幻想や錯覚に屈しないための、ある種の堅固さを示す指標にすぎなかった。それ以外にもフロイトは、知への欲望がどれほど権力や支配の欲望に近いかということを十分すぎるほどよく知っていた。彼ほど謙虚で、しかも自分の知の曖昧さや不完全さ、さらには無力さに対して彼以上に誠実に開かれている「学者」や「科学者」はおそらくいないだろう。

著作のそこかしこで、彼は不十分さや難解さを認め、あるいは不満足を白状している。問題となるのが「同一化」であれ「昇華」であれ、「芸術」や「文明」であれ、他にもいろいろあるが、フロイトは自分の成果に失望したとしてもそれを容赦し、別の時期に別のリソースにあたってくれるよう求めている。女性性についてのある講演の締めくくりに彼が述べたことは、少なからずの点で彼の研究全体に当てはまっている。自分の発表が不完全で断片的なものにとどまっていることを認めた上で、彼は聴衆にこう言った。「もっとお知りになりたければ、ご自分の経験に鑑みるか、それとも詩人にあたってみてください。あるいは科学がより深くより一貫した情報をもたらすのをお待ちください」。科学に関しての言及は、それが皮肉ではなかったとしても、非常に不確定な未来を示しているのは明らかである。一方、経験と詩人——両者は互いに結びつけて考えなければならないが——に関しての発言には、対象を認識することよりも、われわれの主体としての実存にあらたな表現を与えることの方に彼が重きを置いていることが明確に、しかも著作の中で何度も繰り返されるスタイルで示されている。

3

以上のことから結論付けられるのは、フロイトの「発見」というものはないということと、「無意識」というのはひとつの器官ではないということである。しかしそこにはまさに発明と呼べるものがある。それが物語であった。人間は創造主あるいは自然から作られたと言われ、人間は天上の生あるいは種としての存続が約束されていると言われていたところに、別の来し方行く末が導入される。すなわち人間は、人間を凌駕する——いずれにせよフロイトが「自我 moi」として示したものを遥かに超える——躍

＊〜と同じようなやり方で　デカルトは精神と身体はそれぞれ独立していると二元論を主張した。しかし両者は脳の松果腺によってつながっており、それゆえ互いに影響を及ぼし合うことができると考えた。

動や推進力から生じたのである。

その躍動あるいは推進力は彼に於いては *Trieb*〔欲動〕と名付けられた。英語ではそれは *drive* と訳された。私がこの文を書くのに使っているフランス語では *pulsion* という語が選ばれた。翻訳に於いて賭けられているものはここでは格別に大きい。実際 *drive* や *pulsion* は、両者がそれぞれ異なったかたちで、機械的《メカニック》で強制された推力を強調しているのである。それは求められた引力というよりは、被った牽引力である。フランス語では compulsion〔強迫〕という語が、外から命じられ被った受動的でほとんど自動的な動きというその意味合いを強調している。ところがフロイトに於いては、compulsion は *Zwang* と名付けられ、それは全く別の語族に属する語であり、強制力や抵抗不可能性（とりわけ強迫観念や反復強迫という文脈での）に関わるものである。二つの域は、幾つかの点で通じるものがあるとはいえ、はっきりと区別されているのである。

ドイツ語の *Trieb* が指し示すのは、能動性／活動性としての推進力である。たとえば植物の成長や、あるいは動物の成長を支える世話のように。それは躍動感や欲望の次元に属している。それは前に向かい、自らを賦活する。動詞 *treiben* の意味の場には、多様なかたちを取りうる大きな活動性があるのだ。フロイトはこのキーワードを適当に選んだわけではない。彼はこの語で、あらかじめすっかりプログラム化された「本能」以上のもの、そして同時に、「志向性」や「狙い visée」ほどのプログラミング力は有していないものを示そうとした。実は、彼がそこで示すのは、意識的で意志的な小さな「自我 moi」という観点から見るなら、おそらく被った推進力である。と同時にそれは、われわれが「主体」――フロイトはこの語にほとんど重要性を与えていないが――と呼ぶ特異な「一者」、つまり「人物」とか「個」

というわれわれのモデルが表象しうるものを遥かに超えてしまうような特異な「一者」の誕生と成長に起源を同じくする力なのだ。

欲動 *Trieb* というもの——あるいはさまざまの欲動 *Triebe* の複合——は他処から、つまり個体化されていないもの、太古のものからやって来る運動である。太古のものとはわれわれの起源の、埋もれていながら拡散し、増殖していく不明瞭なものである。起源すなわち自然、世界、われわれ以前の人類、さらに人類より前に人類を可能にしたもの、記号／象徴や身振りの発生、さまざまな要素や力や可能なものや不可能なものに向けての互いの、そして全員の呼びかけ、われわれの前や後ろやただ中にある無限なものの意味、それらに応え、そこに身を晒そうという欲望。その運動、その躍動、その推進力 poussée からわれわれはやって来たのだ。その力のうちで、そして結局はその力として、われわれは**成長する** pousser。植物が生える pousser ように。そうやってわれわれは立ち上がり、ありうる姿へと生成するのである。

その推進力はわれわれ以外の他処から来る。それによってわれわれは駆り立てられた存在となる。それは原因のネットワークによって「生産」されたものではなく、引きずり込まれ、巻き込まれ、投企され、（ハイデガーの語を使えば）「投げ出され」てさえいる存在である。しかしその「他処」とは「彼岸」ではない。それは神学の意味での超越でもないし、無神論へと逆転した一部の神学の意味での単なる内在でもない。その「他処」はわれわれのうちにあるのだ。それはわれわれのうちに、われわれ自身である躍動のもっとも根源的でエネルギッシュな動力をかたち作る。なぜならそれは、まさにわれわれの存在、あるいは存在論的座標からひとまず切り離されたことが明らかになった存在そのものに他ならないからである。それは動詞としての être つまり「存在すること」である。すなわち、動き、運動、情動、振動、欲望や不安の高まり、期待と企て、試み、接近《アクセス》／発作、急変そして高揚、激化あるいは衰弱、形の形成、記号／象徴の発明。抑えがたく耐えがたいまでの緊張。その耐えがたさのうちで緊張は途切れ、あるいは取り除かれる。

4

ここで私がフロイトの「物語」と呼んでいるものは、人間をこのような推進力／生成の起源そしてその繰り返される到来として描き直すその試みに存する。それは、いかなる神や自然や歴史／物語によっても意味で満たすことのできない存在の、不明瞭で限りなく開かれた奥底に（これを地として）描かれる記号／象徴そのものの成長である。それは形而上学の終焉以来企てられたものの中でもっとも力強い試みであった。というのもそれは、人間の自己生産（これにとりわけ捕らわれ続けたのがマルクスである）と、ある種の神性の復活（ハイデガーの場合のように）という二つの罠を逃れることができたのだから。

またそれゆえに、フロイトの試みはその偉大さによって、現代に至るまで二つの両極端な脆弱さのあいだに吊り下げられ保たれているのである。その二つの一方は、科学と仮定されたもの、あるいは技術としての実証性である（その操作上の特性を否定することは論外である。しかしながらそれらは文明の深部での変化とそれによる「魂／精神《プシュケ》」の変化によってますます明らかに限られたものになってきている）。そしてもう一方にあるのは、得体の知れない幻想的深みや力、つまり精神分析がまさに退けてきた「未開」の想像力の産物への信仰である。

しかし、偽りの対象としてであれ、でっち上げられた起源としてであれ、退けられたものもそれなりに固有の一貫性を有している。その一貫性がここでフロイト的**物語**と呼ぶものを下から支えているのである。それが物語るのは、人間はその来し方行く末についてを、人間の無限の自己超越や、過剰な推進力との関係に応じて自らに物語るということ——しかもどのように自らに語るのかということ——である。その推進力とは、人間に先行しまた人間につきまとい、人間を世界に生み出しまたそこから身を引かせるものである。そして同じ推進力によって人間は、外‐世界のこの力に、この世に於いて形を与えるよう要請されるのである。

『集団心理学と自我分析』の中でフロイトは、最初の語り手、最初の神話の語り部の様子を演出した。語り部は自分の群れに向かって、自分は父を殺したと物語っている。それは不可能ということの物語である。なぜなら「父」はその殺戮によってしか生起しないのだから。したがって実際には彼は原父的トーテム動物しか殺していないのである。神話とは、それによって個が集団心理から切り離される／浮かび上がるものであるとフロイトは書いている。言い換えれば、神話とはそれによって、「エス／それ ça」という地の上に浮かび上がって「自我」が可能になるような構造を出現させるものなのである。その浮かび上がり／分離 détachement は、神話によって「主人公」つまり「自我」が作られることによって生じる。フロイトの創見の全てがここに現れる。すなわち主体は自らで自らを語り、その自分の物語によって生じるのである。それは捏造ではない。なぜならここで働いているのは「語る主体」ではなく、むしろ語《パロール》りが生み出した主体なのだから――語《パロール》り、あるいは意味生成 signifiance と名付けた方がいいものの、意味の可能性の開かれ。

フロイトは、(生の)意味を求めてはならないということを知っていた。それを求めること自体すでに病的である、と彼は言っていた。しかしわれわれは意味生成を余儀なくされることも彼は知っていた。意味によって強いられること、それは運ばなければならないものによって運び去られる者として自らを措定しなければならないということである。神話としての語《パロール》りはそのことに応える。それは作り話をするのではないし、フィクション化するのでもない。語りは語りそのものに先立つもの、生まれつつある意味生成に語らせようと努めるのだ。欲動 *Trieb*――推進力、躍動、拍動、熱情、激高 - 運び去り――という名をフロイトが見出した(明らかに「本能」とは異なるものとして)のは、その語りの努力、ひいてはあらゆる意味作用の前と後の意味の強制、すなわち人間を自己の先まで運ぶ欲望の力を示すためだったのである。

科学が足を止め、宗教が幻想であることがはっきりしたまさにその時点で、フロイトは神話的語りというものを再開することができた。それはすなわち、存在(すること)に於いてわれわれを駆り立てるものに名を与えることである。あらゆる神話的な名(ということは全ての名かもしれないが)と同様に暫定的な名ではあるが。だから彼は次のように書くことができたのではないか。「欲動の理論はいわば、われわれの神話である。欲動はその不確定さに於いて神話的で壮大な存在なのだ」(3)。「いわば *sozusagen*(そのように言ってみれば pour ainsi dire)」とフロイトは書いた。だが人はいつも「そのように」言うのだ。つまり近似的に、わずかの違いで à peu près、できるだけ近くなるように。そしてつねに限りなく隔たってもいるのだ。われわれを言うことへと駆り立てたものから(4)。

（2）Jacques Derrida, *Résistances de la psychanalyse*, Paris, Galilée, 1996, p.49〔ジャック・デリダ『精神分析の抵抗』鵜飼哲・守中高明・石田英敬訳、青土社、2007、65頁〕。

（3）Quatrième des *Nouvelles Conférences*, "Angoisse et vie pulsionnelle", tr.fr. A. Berman（一部ナンシーによって改変）, Paris,Gallimard, 1936, p.125〔フロイトの講演「不安と欲動の生」ジークムント・フロイト『精神分析入門』高橋義孝・下坂幸三訳、新潮文庫、1977、415頁〕。

（4）ウィトゲンシュタインはある対談でフロイトについて語っている。「彼〔フロイト〕は神話の科学的説明を提示したのではない。彼はむしろあらたな神話を作り出したのである。たとえば、それぞれの不安は誕生のトラウマの不安を反復しているという主張の魅力は、まさに神話が与える魅力なのだ。「全ては、遠い昔に起きたことの結果である」というのは、ほとんど死者との関係のようなものだ」（*Vorlesungen und Gespräche über Aesthetik, Psychoanalyse und religiösen Glauben*, Düsseldorf et Bonn. Parerga Verlag, 1994, p.76. tr. allemande de Ralf Funke, フランス語訳はナンシーによるもの〔『美学、心理学および宗教的信念についての講義と会話』ウィトゲンシュタイン全集第10巻、講義録、藤本隆志訳、大修館書店、1977、223頁〕）。この発言にはフロイトへの批判めいた口調も見られるが、それでもウィトゲンシュタインが、フロイトが無限に後退する太古の先行性への感性を有していたということを的確に見抜いてたことが示されている。もっとも、彼は欲動を「神話的存在」とみなしたフロイトのテクストをどうやら知らなかったようだが。

(26) それぞれの文化によって、その「耐え方」は次の三つの基本的な様態のどれかを採用するようだ。1) 強迫観念——死者は残り、生者につきまとい、生者は死者と和解しなければならない。2) 冥府——死者はそこで生気なく青ざめた一種の劣った生を送ることになる。3) 永遠の生／死——死者は彼らの生の、そして生そのものの真理を纏う。その真理は「栄光の身体」や消滅した身体として（西欧の二つのバージョン)、あるいは輪廻転生する身体として（東洋のバージョン）表される。その忍耐は決して恐怖を免れはしないが、かといって決して信頼感が失われているわけでもない。耐えることによって、何らかのかたちで、生は死を凌駕することがつねに示されるのだから。しかし「凌駕する passer」といっても、弁証法的止揚として、あるいは宗教的慰めのうちに解決されるということではない。「消え去る passer」「他界する trépasser」ことがなす徴／合図は、「全く言語道断な pur scandale（とよく言われる）こと」のいかなる解決、いかなる救済、いかなる解体、そしていかなる言明にも還元し得ない。私がここで語っている「耐えること」とは、人間たちがその徴／合図を理解することなく——ただしその徴が自分たちを包含しているということは理解しながら——受け取るその姿勢のことである。その徴 signe あるいは傷跡／烙印 stigme は、天と地、昼と夜、無限と有限、不在と現前、彼方とここ、を分有／共有する。それはわれわれのあいだ、そしてわれわれのうちで、われわれ皆を分有／共有し、そして世界を分有／共有しながら、世界を世界にするのだ。

(27) Arthur Rimbaud, “Génie”, dans *Œuvres*, Paris, Garnier,1983, p.308〔アルチュール・ランボー「精霊」『ランボー全詩集』所収、平井啓之・湯浅博雄・中地義和訳、青土社、1994、292 頁〕。ここでの「彼」とは、タイトルにある「精霊 Génie」のことである。

補遺

(1) このテクストは *Po&sie, no.124*, Paris, Belin, 2008 に掲載されたものである〔もとは岩波書店の『フロイト全集』第 12 巻に挿まれた月報のために寄稿されたテクストであるが、一部改変されて *Po&sie* 誌に掲載された。ジャン＝リュック・ナンシー「フロイト——いわば」國分功一郎訳、岩波月報 11、2009 年 6 月参照〕。

空間と時間に於ける生の謎の解答（解決）は、空間と時間の**外に**見出される」とあり、その結果として6.432には、「世界とは**どのようなものであるか**。そんなことはより高いところにいるものにとって全くどうでもいいことなのだ。神は世界の**中**には現れない」（ナンシー訳）とある。このことは（ウィトゲンシュタインの晩年の意図とされるものに従って）次のように改める、あるいは正確を期すべきである。すなわち、世界の中に外部が現れる、と。外部は中 le dedans の開かれそのものにしか場を持たないのだから。

(22) 政治に関してはここでは触れない。私の他の著作、とくに『フクシマの後で——破局・技術・民主主義』前掲書所収の「民主主義の実相」、ならびに *La Démocratie, dans quel état ?, op.cit.* の中の "Démocratie finie et infinie" で説明しているので参照されたい。

(23) 本書に取り組んでいるあいだに、ユーゴ・サンティアゴ〔1939- アルゼンチン出身の映画監督、1959年からフランスに在住〕は私に、信について語るのなら死の彼方についても語るべきであり、そこにこそ「信」というものの試金石があるはずだと書き送ってきた。それに対して何と言うべきか。彼に返事を書いたのち、その手紙を書き直して本書の一部に加えることを思い立った。だが結局手紙をそのままのかたちで残す——サンティアゴの許可を得たうえで——方がいいだろうと考え直した。思考につきものの揺れは手紙の方がよく示していると思われるからである。ただし最後の2段落と註は後から加えたものである。

(24) Jean-Luc Nancy, *Noli me tangere*, Paris, Bayard, 2003〔ジャン＝リュック・ナンシー『私に触れるな——ノリ・メ・タンゲレ』荻野厚志訳、未來社、2006〕。

(25) これは、ジャック・デリダが書き遺した文の結語である。この文は、サンティアゴも出席したデリダの葬儀の際、彼の長男によって朗読された。それは葬儀に立ち会うであろう人々に向けて、そしてそれを超えて全ての人に向けて書き送られた文である。この文に宗教的な意味合いを見ようとした不届き者もいたが、それは「私がどこにいようと」という表現を解読することができないからである。デリダが遺したこのテクストは、無題のまま、雑誌 *Rue Descartes, no.48,* "Salut à Jacques Derrida", Paris, PUF, avril 2005, p.6-7 に掲載された。

〔ジョン・メイナード・ケインズ『わが孫たちの経済的可能性』ケインズ全集第9巻、宮崎義一訳、東洋経済新報社、1981、399頁〕（フレデリック・ポステルに感謝）。

(16) Martin Heidegger, *Lettre sur l'humanisme,* tr.fr. J. Beaufret, Paris, Aubier, 1984, p.75〔マルティン・ハイデガー『「ヒューマニズム」について』渡辺二郎訳、ちくま学芸文庫、1997、56頁〕。

(17) ハイデガーが使った*Gestell*という語〔本書183頁訳註＊を参照〕は、骨組み、基盤、構造、設備といった意味である。この語は、自然を枯渇させ、神々も背を向けてしまったところに打ち立てられた世界の、構築され、確固とした、不透明な様相を示していると解釈できよう。

(18) ここでドイツ語の"ハイル *Heil !*"という敬礼 salut をどうしても連想してしまう人もいるだろう。"ハイル！"は「無事、無傷、健康、平安」などを示す語だが、ナチスに使われたことで語の品位は失墜してしまった。偶像に向けられる敬礼と、互いに送り合う挨拶は切り離して考えなければならない。

(19)「そのこと cela」とか「それ ça」と言うことで、私はフロイトに向けて合図を送っているわけだが、しかしこの合図は暗示的なものにとどまる。「それ／エス ça」と「自我 moi」の配置は全く別のかたちに組み替えなければならないだろうし、「それ／エス ça」を、われわれが通常考えるような、何となく低次で仄暗いマグマ状態から出してやることが必要かもしれない。なぜなら「それ／エス」とは世界そのものなのだから。「超自我 surmoi」に関しては判断を保留する。私はここで、政治や宗教に対しても同じように判断を控えるが、芸術に対してさえ、それが多少なりとも制度化され形状が定まった制度を示すのであれば、態度を保留する。ただ次のように言えるかもしれない。アドラシオンは「それ ça」から溢れ出て、自我を横切り、再び「それ」へと戻る。意味とはそういうものである。

(20) ロラン・バルトに関するこの箇所の第1稿は、2009年にジュリア・クリステヴァが主催したバルトをめぐるシンポジウムのために執筆された。その発表論文集はいずれ出版されるはずである。

(21) Ludwig Wittgenstein, *Tractacus logico-philosophicus*, 6.41〔ルートヴィヒ・ウィトゲンシュタイン『論理哲学論考』ウィトゲンシュタイン全集1, 奥雅博訳、大修館書店、1975、6.41、116頁〕。また、6.4312には、「[…]

p.227.

（6）*Les Dits de Bistami*, tr. fr. A. Meddeb, Paris, Fayard,1989, p.90.

（7）Franz Kafka, *Journal*, tr.fr. M. Robert, Paris, Grasset, 1954, p.405〔フランツ・カフカ『日記』カフカ全集第7巻、谷口茂訳、新潮社、1981、390頁〕。

（8）Nicole Debrand, "L'Enquête", *Po&sie, no,127*, Paris, Belin, 2009.

（9）Angel Vazquez, *La Chienne de vie de Juanita Narboni*, Lyon, Rouge Inside, 2009, p.85（この本を教えてくれたエレーヌに感謝）。

（10）Jacques Derrida, *De l'esprit*, Paris, Galilée, 1987, p.176〔ジャック・デリダ『精神について』港道隆訳、人文書院、1990、176頁〕。

（11）Héraclite, fragment B51 du Diels-Kranz〔ヘルマン・ディールス＋ヴァルター・クランツ編『ソクラテス以前哲学者断片集』ヘラクレイトス断章51、内山勝利訳、岩波書店、1996 - 1998。フリードリヒ・ヘルダーリン『ヒュペーリオン』ヘルダーリン全集3、手塚富雄訳、河出書房新社、1966、75頁〕。ヘラクレイトスの断章をヘルダーリンが引用して有名になった。

（12）ラテン語の初稿〔『省察』〕でデカルトは"*ego sum*"と書いていたが、この *ego* という代名詞はラテン語に於いては必須ではない。フランス語と異なりラテン語では動詞の形で主語がわかるからである。だがこのように書くことでデカルトは、*ego*（我）に於いても、*sum*（ある）に於いても、自己との差異、隔たりを強調しようとしたのではないか。

（13）この文が現在形なのは、再生産が完全に過去のものとなったと考えるべきではないからである。今でも生産のただ中にそれは残っている。同様に生産はその図式が支配的になるより前に始まっていた。

（14）ロックの思想、次いでルソーやマルクスの思想が、所有権や専有という問題に重きを置いてその周りを巡っていたのは偶然ではない。マルクスはその思想の最先端に於いて、私的でも集団的でもないような「個人的所有」を示唆しようとしていた。それはおそらく、財の所有を越えて、また財を経て、「個」――ここではある共同体の中の人間を意味する――が、それによって自らの真の存在を手に入れるような所有を意味しているのであろう。

（15）John Maynard Keynes, "Perspectives économiques pour nos petits-enfants", dans *La Pauvreté dans l'abondance*, Paris, Gallimard, 2002, p.117

「アーメン」あるいは「アーミーン」という語のうちにはっきり現れている。

(25) Jacques Derrida, *Foi et savoir*, Paris, Le seuil, 1996, p.80.

(26) William Faulkner, *Requiem pour une nonne*, acte III, tr.fr. M.-E. Coindreau, Paris, Gallimard, 2003, p.281〔ウィリアム・フォークナー『尼僧への鎮魂歌』第三幕、阪田勝三訳、冨山房、1967、290-291 頁〕(この本を教えてくれたジャン＝ピエール・ドマールに感謝)。

(27) Ibn Khaldoun, *Le Livre des exemples*, VI,30, tr.fr. A. Cheddadi, Paris, Gallimard, 2002, p.1039〔イブン・ハルドゥーン『歴史序説』森本公誠訳、岩波書店、2001、44 頁〕。

(28) Friedrich Nietzsche, *Œuvres philosophiques complètes*, t.XII, *Fragments posthumes (automne 1885—automne 1887)*, tr.fr. J. Hervier, Paris, Gallimard, 1978, p.273〔フリードリヒ・ニーチェ『遺された断想　1885 秋〜 1987 秋』フリードリヒ・ニーチェ全集第 2 期第 9 巻、三島憲一訳、白水社、1984、354 頁〕。

(29) Jean-Luc Nancy, *Vérité de la démocratie*, Paris, Galilée, 2008〔ジャン＝リュック・ナンシー『フクシマの後で——破局・技術・民主主義』渡名喜庸哲訳、以文社、2012 所収の「民主主義の実相」〕、ならびに "Démocratie finie et infinie", in *La Démocratie, dans quel état ?*, Paris, La Fabrique, 2009.

Ⅳ

(1) J.M. Coetzee, *Elizabeth Costello, op.cit.*, p.257〔J・M・クッツェー『エリザベス・コステロ』前掲書、161 頁〕。

(2) Jean-Luc Nancy, *Le Plaisir au dessin*, Paris, Galilée, 2009 はこのロジックを解説している。

(3) Baruch Spinoza, *Éthique*, tr.fr. B. Pautrat, Paris, Le Seuil,1988, p.541〔バールーフ・デ・スピノザ『エティカ』工藤喜作・斎藤博訳、中央公論社、2007、461 頁〕。

(4)『コーラン』XVII, 23。「崇拝する adorer」という語による翻訳の問題を提起しているのは、Youssef Seddik, *Le Coran—autre lecture, autre tradition*, Alger, Barzakh/ La Tour d'Aigues, L'Aube, 2002, p.140.

(5) Ibn Arabi, *Traité de l'amour*, tr.fr. M. Gloton, Paris, Albin Michel,1986,

ムント・フロイト『文化の中の居心地悪さ』フロイト全集 20、高田珠樹・嶺秀樹訳、岩波書店、2011〕参照。

(20) コイネー〔公用語として使われていた古代ギリシャ語。コイネーとは「共通の」という意味〕では *agapeô* という語を丁寧な挨拶の意で使っていた。一方ローマ人たちは *carus* という語を使ったが、それは現在われわれが cher（親愛なる）という敬称、あるいは chéri（いとしい人）という呼びかけを使うのと同じである。それはあたかも、礼儀や愛や信に関わる語彙が、栄光の時代を抜けて富が蓄積され始めた時代に、「値段／価値 prix」という観念に支配されたかのようである。したがって同時にあらゆる価値が、マルクスが論じた「一般等価性」のもとで一般化し、価値の低下が生じたのである。愛徳／慈愛 charité という語が考察させるのは、絶対的な区別、すなわち隣人愛の対象たちの根本的な非等価性に於ける等価性あるいは平等性なのである。

(21) そこでよく反論として生じるのは、犯罪者や愚か者をも愛さなければならないのかという問いである。このような反論は、欲望や愛情という意味での愛と、正義としての愛を混同している。正義としての愛とは、共約不可能な尊厳、その「人物」自身とも共約できない尊厳を考慮するという意味での愛である。実はまさにその点に、死刑制度の拒否は存しているのだ。

(22) Emmanuel Levinas, *Hors sujet*, Montpellier, Fata Morgana, 1987, p.54〔エマニュエル・レヴィナス『外の主体』合田正人訳、みすず書房、1997、66 頁〕。

(23) Søren Kierkegaard, *Les Œuvres de l'amour*, tr.fr. P.-H. Tisseau et E.-M. Jacquet-Tisseau, dans *Œuvres complètes*, t.XIV, Paris, Éditions de l'Orante, 1980, p.63〔セーレン・キルケゴール『愛の業』キルケゴール著作集 15 巻、武藤一雄・芦津丈夫訳、白水社、1995, 114 頁〕。キルケゴールにとってこのような愛は、特定の人物への個人的な愛とは対立するものである。それでいて彼は、その二つの愛を「盲目的」(p.65〔117 頁〕)という同じ性質を持つものとし、それは結局は理性的に説明することの不可能性を示していると主張している。私は別の論考で、万人の平等性と情熱の排他性、「人権」と「意味の熱狂」、正義と所有に於ける「理性（理由、根拠）のなさ」の、類似性と差異の問題に戻るだろう。

(24) この力はキリスト教徒とイスラム教徒がユダヤ教徒から採用した

それでもそれは確かに主体性であった。それはさまざまな哲学（とりわけストア派）に於ける準備段階を経て、キリスト教とともに、さらにはキリスト教「として」到来した主体性である。しかしキリスト教は、自らの無限の開かれのうちに自己を見失ってしまうことでしか、自己を見出せず自己を同定できないような「主体」の運動を、同時に描き出すのである。それこそがアウグスティヌスの“*interior intimo meo, superior summo meo*”のもっとも重要な射程であった。彼の言うこの「私のもっとも内なるところよりもさらに内、私の頂点よりもさらに上」とは神以外の何者でもない。しかしそれはまた、神とは、神が「存在する」ならば、この「自己」の自己自身への限りない超過に他ならない、ということでもある。あるいはそれは、ハイデガーが書いているように、私の「脱 - 存 ek-sistence」そのものと言ってもよい。その脱 - 存は私の「他」に向けての関係と切り離すことができず、その「他」に向かって私は露呈され、また開かれているのだ。「他」とは他の個ではなく、それはあらゆる主体に於ける、そしてわれわれ皆つまりあらゆる存在者のあいだの、世界のただ中に開かれた世界の外部に向けて張りつめている同じ超過のことなのである。正確を期すなら、個というのは単独で現れることはなく、「人格（ペルソナ）」すなわち法的かつ道徳的な主体に伴われて（さらには先行されて？）現れるのだと言わなければならないだろう。近代的理性はその法的人格の責任能力や実存的尊厳を強調しようとしたのである。しかしながら理性はその人格を、上で述べた超過にも、個を超越した次元にも開くことはできなかった（十分には開けなかったと言うべきか）。（その個を超越した次元とは、言ってみれば「共同の commune」次元である。「共同体的 communautaire」とまでは言わないが。しかし考えてみれば「共産主義 communisme」は認識こそしなかったがその要請を担っていたのだ）。レヴィナスによればただ「責任」のみ（これは強調せねばなるまい）が、人格や個としての制限から除外されており〔レヴィナスに於いて主体は無制限に責任を負わなければならない〕、それは主体をまさにここで外へと開くようなやり方によってなのだ。しかしながら、そのように異なった観点から考えるためには全体的な分析が必要になるだろう。

（19）Sigmund Freud, *Malaise dans la civilisation*, sections V et VIII〔ジーク

ないいわば純粋な関係性という次元は自らに固有の法を見出さなければならない、ということをはっきり示す二重の方法なのだ。しかし他の場合と同様に、法というものは決して十分ではあり得ない。いかなる計算、知識、尺度も十全なものではあり得ない。パスカルが考えたように、プラトンが「キリスト教を準備する」ことができたのだとすれば、それは関係を保つということについての、実証しうる、保証された、巧妙な、あらゆる正当性をも超越するものへと開きながらだったのだ（「開く」というのはここでは「彼の意に反してそこに開かれる」という意味と「自らの運動によって開く」という両方の意味を示す。プラトンに於いては両方の要請を見て取ることができる。一般的に、哲学とはこのように、過剰と欠如の結びつきによって、自らの理性の限界の超過——つまり脱閉域——へと、開き続けることを決してやめないものなのである）。

(17) 勿論、見誤ってはならない。この栄光の輝きが純粋とは程遠く、欲得尽くで動き、貧者を踏みつけるような真似をする、そんな秩序もあったのだから。だがそれでも、投資や利益や「成長」の可能性を発明したり、少なくともそれらを繰り広げたりはしていなかった。単純化して言えば、最初は蓄財（動かない蓄積）が勝っていたのが、資本化（活性化する蓄積）がそれに取って代わったのである。前者から後者へと移っていく世界において、富は胡散臭い不名誉なものになっていく。しかしまたこの最初の動きののち、キリスト教はだいぶ後になって（フランシスコ会、ついで宗教改革によって）資本の活性化を優遇——公益のために役立つとみなされて——するようになり、同時に貴族階級の蓄財を批判するようになる。資本主義、民主主義そしてキリスト教の脱構築、これらは相伴ってやって来たのだ。それは一方によって他方が、あるいは一方のうちで他方が、または一方に反して他方が、というかたちで互いに結びついていたのだ。われわれが学ばなくてはならないのは、蓄財にも、位階制にも、キリスト教にも回帰することなく、この結合から解き放たれることである。

(18) 実はここで問題なのは、「個」あるいは「主体」の発明である。この発明に伴って、他の文化では見られない分離や孤独というものも生じることになったのだ。それがわれわれの知っている（知っていると思っている）かたちでの主体になるにはまだまだ時間がかかるのだが、

わい）や吸収によってそれを自らの体内に取り込んでしまうことに帰す。罪の赦しはわれわれをこの奪取から放免してくれる。～を奪い取る se saisir de ／～を手放す se dessaisir de というこの拍動がわれわれに律動を与えている。

(12) 私はここではキリスト教の恩寵について論じるつもりはない。ただひとつだけ言えるのは以下のことである。恩寵が容赦なき神の（すなわち厳格な意識／良心の）専断となる極端な場合を除いては、恩寵はその授与によってよりも、その受容によって価値を持つ。それが与えられるということは、あらゆる徳あらゆる救済は他処から、外部からやって来て、またそこに戻っていくということを意味している。したがって徳とはつねに、恩寵の受け取り方の修練でもあるのだ。

(13)『マタイによる福音書』12-31, 32〔「だから、あなた方に言っておく。人には、その犯すすべての罪も神を汚す言葉も、赦される。しかし、聖霊を汚す言葉は、赦されることはない。また人の子に対して言い逆らう者は、赦されるであろう。しかし、聖霊に対して言い逆らう者は、この世でも、のちの世でも、赦されることはない」〕。

(14) Friedrich Nietzsche, *Ainsi parlait Zarathoustra*, "Le Convalescent", 2（dans *Werke*, t. II, Munich, Carl Hanser Verlag, 1960, p.461, フランス語訳はナンシーによる）〔フリードリヒ・ニーチェ『ツァラトゥストラはかく語りき』「回復しつつある者」手塚富雄訳、中公クラシックス、2002、153 頁〕。ニーチェが使っている動詞 *grüssen*（挨拶する、の意）は「saluer」の意味であるが、この語は「救済」とは関係ない。それは送られた言葉という意味の語源を持ち、そこから英語の *greet* という動詞も生まれた。

(15) パウロの『コリントの信徒への手紙　一』13-13〔「それゆえ、信仰と、希望と、愛、この三つは、いつまでも残る。その中でもっとも大いなるものは、愛である」〕。

(16) それはあまり知られていないし明確でもないが、確かな重要性を持っている。哲学は富を得ること、とくにロゴスを教えることで利益を得ることを拒み、また蔑視している。同様に哲学は正当化されない権力、強者の支配を拒絶する。いずれの場合に於いても、ソフィストの姿は、哲学者が部分的には構築し、部分的には自分の前に見出した反証であり象徴である。富と権力を拒むのは、与えられた戒律を持た

なすことで済ませてはならない。そこにあるのは「進歩」ではなく、人類学的規模での変化なのだ。仏教が——これも「精神的進歩／向上」として示されることが多いが——ほぼ同時期に誕生したということは注目すべき現象であるが、私はその点を強調する立場にはない。

（8）東方のキリスト教と西方（ローマ）のキリスト教をかつて分裂させることになった論争に、ここで加わることはできない。論争の主要な動機は、聖霊と子のどちらに優位を与えるかということであったが、われわれにとっては討議の対象そのものが消滅してしまっている。上席権などないのだ。両者は厳密に同時に働くのだから。関係性はその項と同時に与えられ、各項は関係性なしには存在しない。

（9）Jacques Derrida, *Le Toucher — Jean-Luc Nancy, op.cit.*, p.348〔ジャック・デリダ『触覚——ジャン＝リュック・ナンシーに触れる』前掲書、588 頁〕。「そしてそれは——祝福される。まだ考えることのできない祝福のように。激しくかき立てられた祝福、**与えられ**、そしてその「かき立てられ、激化した同意」に一致した祝福のように。救済の希望のない祝福。脱希望化された救済、計算なき救済、計算できない、提示できない救済。それは、その名にふさわしい救済であるためには当然そうしなければならないように、あらかじめ救済を放棄するのだ。／救済なき救済、まさに来たるべき救済」（デリダが引用した「かき立てられ、激化した同意」とは J＝L・ナンシーの表現である）。

（10）全ての言語が、挨拶するために「無事、無傷 sauf」あるいは「救われた sauvé」という概念から派生した語を有しているわけではない。しかしどの言語であれ、挨拶することはできる。ならば "salut !" という表現の翻訳を試みることはできるだろう（感嘆符はそのまま——無事に、無傷で——残るだろう…）。あるいはこう言うべきだろうか。あらゆる言語に於いて、差し向けられた／送られたことばは、それが送られるや否や、特別な言い方がないとしても、その差し向け／送付それ自体によって、挨拶を送ってもいるのだ。

（11）「原罪」の寓話は何を言おうとしているのか。神の庭の中のある果実に触れてはならないということ。それに触れるということは、与えられているものを我がものにしたと思い込むことである。だがそれは与えられたままであるべきもの、自分のものとしないで、贈与として受け取ったままであるべきものなのだ。罪とは贈与を奪い取り、知（味

だったのである。そこで問題なのは別のかたちのヴィジョン（見ること）あるいはことばなのだ。この語のキリスト教での使われ方にもそのような価値が、三つの一神教に共通する「啓示 révélation」の価値として幾らか今も保たれている。その反面、それ自身が秘密とされている入信儀礼の価値については何も残されていない。だがここでは最初 initial の段階がすでに決定的なのだ。すなわち、まなざしは外のヴィジョンへと自らを開き、ことばは語を超える語りかけ《アドラシオン》のうちで語るということである。

（3）ヨハネの『黙示録《アポカリプス》』は、太陽の輝きや炎の出現や黄金や宝石のきらめきといった形象に於ける「啓示」や「覆いを取ること dévoilement」（これが apocalypse《アポカリプス》という語の意味である）のパラダイムとして理解しようとすると、読み誤ってしまう。それらの壮大なスペクタクルは「あらたな天とあらたな地」へも至ることを忘れてはならない。そこではもはや太陽も月も灯りも必要ではない（21 章参照）。そこでの光は別のものなのだから。

本書の執筆を終えた頃読んだ Georges Didi-Huberman, *Survivance des lucioles*, Minuit, Paris, 2009 に於いて、ジョルジュ・ディディ＝ユベルマンは *luce*（光）と *lucciole*（蛍）の対比について論じており、共鳴するものを感じた。彼はパゾリーニから論考を始めていたが、偶然にも、私ももう少し先でパゾリーニを引用しているのだ。われわれが同じものを参照していたということは、ディディ＝ユベルマンが「欲望の共同体、放たれた微光の共同体」（p.133）と呼んだものと無関係ではない。そのような共同体を構想しながら彼は、「形而上学的宇宙」や「神学的ドグマ」などから、目を眩ませるような光が再び降り注いでくるのを阻もうとしているのだ（p.75）。

（4）Pier Paolo Pasolini, *Actes impurs*, tr.fr. R. de Ceccatty, Paris, Gallimard, 1983, p111.

（5）男性優位主義などと騒がないでいただきたい！ フロイトを読もうが読むまいが、雄々しさ virilité は男子の専有物ではないし、柔和さ tendresse は女子の特性ではないということをわれわれは理解しているはずだ。

（6）本書の補遺「フロイト――いわば」を参照のこと。

（7）それを地中海世界の人類の「精神性／霊性」に於ける「進歩」とみ

ない、それらはひとつの本質の複数の実現したかたちにすぎないわけではないという意味である。それはまた、ひとつの実存はひとつの「個別の本質」として考えられるべきであるということでもある。確かにそこには検討の余地が大いにあり、技術的な製品や技術という関係性のうちに捉えられた実存といった次元での特異性／唯一性とはどのようなものかを吟味しなければならない。技術という次元での外見的な識別不可能性のうちに、特異なものの次元を見出しそれを開くことは、確かにわれわれの務めのひとつであろう。

(18) 哲学と文学は、実はこの任務を共有／分有している。その共有／分有は極めて複雑で、それ自体つねにかたちを変えている。だがここはそれについて述べるべき場ではない。

(19) J.M. Coetzee, *Elizabeth Costello*, tr.fr. C. Lauga du Plessis, Paris, Le Seuil, 2004, p.205〔J・M・クッツェー『エリザベス・コステロ』鴻巣友季子訳、早川書房、2005、117 頁〕。

Ⅲ

(1) Friedrich Nietzsche, *Œuvres philosophiques complètes*, t.XI, *Fragments posthumes (automne 1884-automne 1885)*, tr.fr. M.Haar et M. de Launay, Paris, Gallimard, 1982, p.215〔フリードリヒ・ニーチェ『遺された断想 1884 秋～ 1985 秋』フリードリヒ・ニーチェ全集第 2 期第 8 巻、麻生建訳、白水社、2000、280 頁〕。

(2) より正確には、入信儀礼《イニシエーション》の最高段階はエポプテイア *épopte*（奥義開顕）、すなわち目を開き「秘義 secret mystérieux」（ファルス／ファスキヌム（男根）崇拝、イシスの顔、神の顕現）を観想することのできる者の段階だったとしても、儀礼そのものは入信者 *myste* の行ないであった。*myste* という語の第一義は閉じること――口を閉じるあるいは目を閉じること〔通常の「表現」が許されない経験〕である。やがてその語には、パウロの手紙以降「覆いを取られた真理」（*apocalypsis mysteriou*,『ローマの信徒への手紙』16-25）という意味が与えられ、その後ネオプラトニズムによって、われわれが「神秘思想 mystique」という語に与えている意味が加わるようになった。しかしそれ以前に於いても、*myste* はすでに、入信儀礼を進めながら秘義のうちへと入り込み、その結果目を（あるいは口を）閉じていながら「開く」者

別されうる——あるいはされるべき——何かがある。そこでは、宗教的次元と領主／臣下の関係の次元はより錯綜したものであった。というのも主従関係において忠義忠誠の宣誓——すなわち誓われた信——という価値観が周知のような役割を果たしていたからである。この形態が有する特殊性によって、それに続く近代あるいは前近代国家との差異がはっきりと浮かび上がる。近代には二つの次元はより明確に区別されるようになる。つまり国家主権は宗主権とは異なるのである。後者はいわば宗教的政治に基づいて機能していたのに対し、前者は宗教を退けるからである。結局宗教は「市民宗教」をめざそうとするがそれは失敗に終わる。なぜなら国家というものは本質として宗教的なものではないし、それは結局は完全に「現世」のものだからである。今日イスラムはヨーロッパに於いて、二つの次元の分離に関し、全くあらたな実現の可能性を開いていると考えることができるかもしれない。

(14) 私にできるのはせいぜい、有能な思想家や歴史家の証言を基に次のことを読み取ることくらいである。それはカリフ制というものはムハンマドの言や書物から実際に生じたのではない方法で設立され、その方法とは、ムハンマドの死後の部族間の対立と無縁ではなかったということである。とはいえ、分離が必要であるという感情がイスラムの歴史の中で表面化したのは間違いない（たとえばイブン・アラビーが預言者と賢人（シャイフ）と君主 souverains を区別したときなど）。

(15) かなり異なる意図によってではあるが、私はここで、「この世ならぬ王国の現在の直接性」と述べたホワイトヘッドの思想と正確なかたちで交わることになる（voir le chapitre “Dieu et le monde” dans A.N. Whitehead, *Procès et réalité*, tr.fr.D. Charles, M.Élie, M.Fuchs, J.-L. Gautero, D.Janicaud, R,Sasso et A. Villani, Paris, Gallimard,1995, p.524 sq.〔アルフレッド・ノース・ホワイトヘッド『過程と実在』ホワイトヘッド著作集 11 巻、山本誠作訳、松籟社、1984、「神と世界」の章 504 頁以下を参照〕)。

(16) Serge Margel, *Le Silence des prophètes. La falsification des Écritures et le destin de la modernité*, Paris,Galilée,2006, p.265.

(17)「不可識別」（ライプニッツが言う意味で）ではないということ。すなわち、二つの実在は同じひとつの本質に結びつけられることはでき

マ帝国の「延長」についても検討しなければならないだろう。正教会と「卑しい世上の権力」との関係についても指摘すべき点は多々あるのは周知のことだが、それはここで取り上げるべきことではない。教会と国家の関係の変化に於ける宗教改革の役割の検討に関しても然りである。ある意味で、そしてまさに本書の観点から言えば、ローマ・カトリック教会は範例を示しており、それに基づいて「二つの統治〔天上と地上の〕」の分離や区別のあいだの内的葛藤を考察しなければならない。といってもそれはローマ・カトリック教会だけを（あるいは他のキリスト教教会と比べてより多く）非難して済ませる理由にはならない。そこから問わねばならないのは、ローマ帝国と「市民宗教」の可能性が崩壊したことから始まって、何によって西洋がこの葛藤へと向かうことになったのか、ということである。イスラムも生じるや否や即座にこの葛藤に巻き込まれたであろうが、しかし長いあいだ独自にそれを解決することができていたのだ。**人間たちをその神々から切り離し、一方で「神話」他方で「偶像」を、幻想や嘘を意味する名に変えてしまったもの——それこそが、そこからわれわれが生じることになった出来事なのだ**。その出来事は不可逆的に持続するもので、そこからわれわれはいまだに解放されていない。

(11) しかも、この憎悪が実際に広がっていくのはローマ・カトリック教会が十字軍、すなわち「王国」の分離ともっとも明白に矛盾する試みに乗り出した時期なのである。

(12) 教会が「神殺しの民」という表現を作り出すことができた（結局撤回するに至ったが）こと自体、神学に於ける一貫性のなさを露呈させ、そこにはユダヤ人への憎悪が存分に見て取れる。なぜならもし神が人間の救済のために死ななければならなかったのだとしたら、（あらゆる）神殺しの試みは救済のエコノミーに於いては、時宜に適った、歓迎すべきことと言えるのだから。このような見解はすでに指摘されている。同様に、イエスの受難の物語に於けるユダの役割と意義に関する解釈や討論も数多く見受けられる。

(13) 当然ながら歴史に関してはより正確を期さなければならないだろうが！　封建制の時代には、それが君主制ならびに西ローマ帝国復興の初期の試みの双方に巻き込まれていたとしても、二つの統治あるいは二つの権力の横並び（紛争の危機を孕んでいようがいまいが）とは区源的推進力《インパルス》」であった。「その力によって、統治と救済、政治的権力と神的権力のあいだに境界線を引き、また、世俗の首領からは救済を、宗教的指導者からは暴力を取り上げることができたのである」(Jan Assmann, *Violence et monothéisme*, tr.fr. J.Schmutz, Paris, Bayard, 2009, p10)。この説を強化するには彼の解釈を参照してもらうこととして、私としては、(ユダヤ‐)キリスト教とイスラムは異なるばかりか対立するような発展を遂げながらも、両者はそれぞれこの「境界線を引く」ための発展であったと考えている(それらの宗教の歴史から与えられるあらゆる反証にもかかわらず)。現世の「権力」と天上の「権力」の区別ひいては対比が、キリスト教団に於いて枢要な役割を演じていたことを示す歴史上の特徴は山ほどあるが、その中から私は次のことを指摘してみよう。中世初期に大学が設立されたとき、それは「第三の権力」と形容されたこともあった。そのことが示すのは、大学とは霊的権力と政治的権力としての二つの権力――両者はまさに、自由な(独立した)知という概念を外れたところで行使されていた――に依存しない自律的な知的活動という概念に応えるものであったということである。

(10) このような自ら背教に向かう傾向については、ドストエフスキーのムイシュキン公爵が全てを語っている。「私の考えでは、ローマ・カトリックは信仰ですらなく、あれは西ローマ帝国の延長なのです。そこでは全てがこの思想に支配されているのです。信仰を始めとして。法王はこの地上を、現世の王座を掌握して、剣を取ったのです。以来それが続いていますが、ただその剣に虚偽と陰謀と欺瞞と狂信と迷信と悪業が付け加えられただけなのです。そしてもっとも神聖で、もっとも正しく、もっとも誠実で、もっとも激しく燃えている民衆の感情を弄び、一切のものが金と、卑しい地上の権力のために売られてしまったのです。これこそ反キリストの教義ではないでしょうか。これら全てからどうして無神論が生まれずにいられましょう。無神論はここから、ローマ・カトリックから生じたのです！　無神論はまずカトリック教徒の中から生まれたのです。彼らはどうやって自分自身を信じることができるでしょうか」(*L'Idiot*, vol..2, tr.fr. A.Markowicz, Arles, Actes Sud, 2007, p.359〔フョードル・ドストエフスキー『白痴』ドストエフスキー全集 10、木村浩訳、新潮社、1978、278 頁〕。勿論、東ローとは、われわれ自身のうちで抗議と変革の欲望を見出す情動であることは認識できるであろう。

（4）Peter Brown, *Le renoncement à la chair. Virginité, célibat et continence dans le christianisme primitif*, tr. fr. P.-E. Dauzat et Ch. Jacob, Paris, Gallimard, 1995, p.237.

（5）キリスト教が発展する初期の時代には、二つの世界あるいは統治を対置することへの過剰なまでの依拠も生じ、それは「グノーシス」という姿で表れた。そこではキリスト教とマニ教の混淆が見られる。グノーシス的な試みはさまざまなかたちで定期的に再燃し、ピューリタニズムや「セクト」的信心を支えたが、それは二重の欲望を表している。すなわち真の世界と現世、光と闇の対立を緊迫させると同時に、その対立についての認識（それが「グノーシス叡智」の意味である）を手に入れようとすることである。その対立によって、身を離さなければならない悪を正確に示すのである。

（6）ソクラテスとキリストの同一性の主張は、しばしば指摘される両者の対立に真っ向から衝突するものであるが、とくにキルケゴールはその対立をもっとも洗練されたかたちで示していた。なぜなら彼にとっては、ソクラテスに於いて想起によって見出された真理は、イエスという主体が命を断たれ再生することで得た真理とは相容れないものなのだ。私は彼の説に反対も賛同もしない。私が考えているのは、「外部」が「まさにここ」で開かれるという構造の類似は、結局のところキルケゴールが強調する対立からは外れてしまうということである。どちらの場合も賭けられているのは、同じ「無限への情熱／受難 passion de l'infini」なのだ（Søren Kierkegaard, *Post-scriptum aux miettes philosophiques*, tr. fr. P.-H. Trisseau et E.-M. Jacquet-Trisseau, Paris, L'Orante,1977, p199〔セーレン・キルケゴール『哲学的断片への結びとしての非学問的あとがき』キルケゴール著作集第 8 巻、杉山好・小川圭治訳、白水社、1995、36 頁〕）。

（7）Claude Lévi-Strauss, *L'Homme nu*, Paris, Plon,1971, p.621〔クロード・レヴィ＝ストロース『裸の人』吉田禎吾ほか訳、みすず書房、2008、871 頁〕。

（8）そのことをハイデガーは『根拠律』の中で示している。

（9）ヤン・アスマンにとってそれはまさしく「聖書に基づく一神教の根

史に於いて、内部に栄光のキリスト像を包むアーモンド型の輪郭を示す用語である。このモチーフは数多くの教会の壁面の装飾や、小肖像画やステンドグラスなどに見られる〔マンドルラはイタリア語でアーモンドの意。復活したイエスを囲む後光のような、二つの円が交わってできた楕円形の光背のこと〕。

(2) キリスト教がユダヤ的であると同時にギリシャ的であるということ――ギリシャ的であると同時にユダヤ的、とジョイスなら言っただろう――は、モーゼス・フィンリー Moses Fineley やアルナルド・モミリアーノ Arnaldo Momigliano のような歴史学者たちの数々の研究が示している。一般的に言って、キリスト教は発展するうちにその複雑な起源が隠蔽されてしまった。しかしまさにその複雑性によってこそ、キリスト教の発展がいかに地中海世界の深奥での運動と連動していたかが理解できるのである。その件については Paul Veyne, *Quand notre monde est devenu chrétien(312-394)*, Paris, Albin Michel, 2007〔ポール・ヴェーヌ『私たちの世界がキリスト教になったとき』西永良成・渡名喜庸哲訳、岩波書店、2010〕が詳しい。さらに挑発的な著作としては、最近刊行された Bruno Delorme, *Le Christ grec : de la tragédie aux Évangiles*, Paris, Bayard, 2009 を挙げよう。

(3) それは単にある表象がもたらされたということではない。そこで賭けられているのは情動と存在の構えの変化である。そのことをギュンター・アンダース Günther Anders は次のように的確に述べている。「各宗教の創設は、人間の情動の歴史に於ける真の変革［であり］、まさに**感情があらたに創設されること**なのだ」(Günther Anders, *L'Obsolescence de l'homme*, tr.fr. Ch.David, Paris, Ivrea,2002, p347〔ギュンター・アンダース『時代おくれの人間』青木隆嘉訳、法政大学出版局、1994、327 頁〕。この指摘が重要なのは、宗教を表象（素晴らしいものであろうとなかろうと）のシステムとみなし特徴付ける従来の考え方に変化をもたらすからである。宗教の諸表象の配置は実際は、あらたに生まれ表現されなければならない感情の形式化にすぎないのである。文明が宗教の外に定義されるようになると、その文明によってまたあらたな感受性が求められることになる。そのことをギュンター・アンダースの 1956 年の著作は捉えようとしているのだ。彼の歩みを踏襲しないとしても、彼と同じように、「ニヒリストのメランコリー」

Gallimard, 1972. p.152〔ウィリアム・フォークナー『響きと怒り』平石貴樹・新納卓也訳、岩波書店、2007、127 頁〕。

（4）とはいえ注目すべきものはたくさんある。たとえば、神は世界を創造し続けていると主張したアウグスティヌスやエックハルトの神学のように（神の「永遠」は時間に先行する時間ではなく、時間の外であり、それは時間そのものの創造なのだ）。あるいは勿論、イサク・ルリア〔1534-1572　ユダヤ神秘思想家〕とその有名な、創造主としての神の退却（ツィム・ツーム）という考えもある。あるいはさらに、コーランの神の言明への可能な注釈によれば、神は何の苦もなく、際限なく再開することができるという（『コーラン』XXX.27）。

（5）「実粒子を排除した物理空間の特性」と同時に「ある系の最低エネルギー状態」の名として使われる「真空 vide」に関しては、Michel Cassé, *Du vide et de la création*, Paris, Odile Jacob, 1995 を参照。

（6）Emmanuel Kant, *La Religion dans les limites de la simple raison*, IVe partie, 2e section, Remarque générale, tr.fr. A. Philonenko（ナンシーによって一部改変）dans *Œuvres philosophiques, III*, Paris, Gallimard, 1986, p.237〔イマヌエル・カント『単なる理性の限界内での宗教』カント全集10、北岡武司訳、岩波書店、2000、263 頁〕。

（7）キリスト教信者への「説教 sermon」は、礼拝の枠外に、〔ラテン語ではなく〕俗語でなされていた。

（8）これは Jacques Derrida, *Le Toucher—Jean-Luc Nancy*, Paris, Galilée, 2000, p.348〔ジャック・デリダ『触覚――ジャン゠リュック・ナンシーに触れる』松葉祥一・加藤尚志・榊原達哉訳、青土社、2006〕の最終頁をほとんどそのまま引用したものである。

（9）私は「超越内在 transimmanence」という観念について語ったことがある。語の合成は明確だが、その思想の内容は厄介である。言語感覚にふさわしい直観的形式を欠いているのだ。

（10）『コーラン』LI. 56.

II

（1）Paul Celan, *Choix de poèmes réunis par l'auteur*, tr.fr. J.-P.Lefebvre, Paris, Gallimard, 1998, p.193〔『パウル・ツェラン全詩集』中村朝子訳、青土社、1992、第 1 巻 415 頁〕。「マンドルラ（大光輪）」とは、美術

原註

日本語版のための序文

（1）Jean-Luc Nancy, *La Déclosion (Déconstruction du christianisme, 1)*, Galilée, 2005〔ジャン＝リュック・ナンシー『脱閉域――キリスト教の脱構築 1』大西雅一郎訳、現代企画室、2009〕。

（2）次の本の中で西谷修は、他の幾つかの語とともに「宗教 shukyo」という語（概念）の日本語に於ける意味をフランス語で説明している。Sous la direction de Pierre Legendre, *Tour du monde des concepts*, Fayard, 2014.

（3）Marcel Gauchet, *Le désenchantement du monde, une histoire politique de la religion*, Gallimard, 1985.

（4）ジャン＝クレ・マルタンの新刊でもこの「解体」が問題となっている。Jean-Clet Martin, *Derrida―Un démantèlement de l'Occident*, édition Max Milo, 2013.

プロローグ

（1）Ludwig Wittgenstein, *Remarques sur "Le Rameau d'or" de Frazer*〔ルートヴィヒ・ウィトゲンシュタイン『フレーザー「金枝篇」について』ウィトゲンシュタイン全集第 6 巻、杖下隆英訳、大修館書店、1975、410 頁〕。

I

（1）Hölderlin, *Antigone de Sophocle*, tr.fr. Ph.Lacoue-Labarthe, Paris, Christian Bourgois, 1978, p49.

（2）Ernesto Sabato, *Le Tunnel*, tr.fr. M. Bibard, Paris, Le Seuil, 1978, p.40-41〔エルネスト・サバト『トンネル』高見英一訳、国書刊行会、1977、45 頁〕。

（3）William Faulkner, *Le Bruit et la Ferveur*, tr.fr. M.-E. Coindreau, Paris,

訳者あとがき

本書は Jean-Luc NANCY, *L'Adoration*, Édition Galilée, 2010 の全訳である。

原書はもともと『キリスト教の脱構築』の第二巻として出版されたが（第一巻は2005年刊、邦訳『脱閉域―キリスト教の脱構築1』大西雅一郎訳、現代企画室、二〇〇九）、本書冒頭の「日本語版のための序文」にもあるように、日本語訳の出版に際して、副題を『キリスト教的西洋の脱構築』に変更したいと著者から申し出があった。キリスト教の脱構築というのはジャン＝リュック・ナンシーにとってはライフワークにも等しく、これまでの彼の数々の著作を通して、それも表面的には直接関連がなさそうな著作に於いてさえ、通奏低音のように響いていたテーマである。その研究の早い時期から彼は、キリスト教が西洋と不可分であり、西洋文明がキリスト教を葉脈としてすみずみまで張りめぐらしながら成長してきたということを主張し続け、また西洋と一神教を可能にしたさらに遠い起源の考察についても言及していた。今回の改題は、それらのことを改めて強調し、本書の射程が、キリスト教的西洋の起源からその生成変化の果てとしての現代世界にまで及ぶことを示すための処断である。

とはいえ、題に多少の変更が加えられたとしても、「キリスト教的西洋の脱構築」など、キリスト教徒でも西洋人でもない日本人にとっては、どっちみち無縁の話だと考える読者もいるかもしれない。しかし現代の日本でわれわれがごくあたりまえに「普遍的」とみなすもの（理性や愛、万人の平等、人格の尊厳など）、あるいは近代的社会の条件と捉えるもの（人権、民主主義、知の制度、個人意識、政教分離など）は、どれも西洋近代の人間中心主義を経て規定されてきたものであり、その人間中心主義とは実は、キリスト教のいわゆる「世俗化」の結果だったのである。キリスト教的西洋はひとつの地域文明にとどまらず、自らを「世界」とみなし、「世界化」としてその拡大を遂げてきた。その文明の当初の歴史には帰属していない日本人も、今ではその世界観、その枠組みをおおむね継承し、そこに参加し、詰まるところ、その「世界」の中で生きている。あるいはそこでわれわれは、キリスト教的西洋という文明の末期にいるのかもしれない。というのも、人間中心主義から生じたはずの科学技術・産業・経済の複合的システムが際限なく発展し、拘束力を強化し続けた結果、今やあちこちで破綻を来たし、世界と人間の存続そのものまでもが脅かされようとしているのだから（原発事故もその一例である）。このような状況で、行き詰まりつつあるさまざまな価値観をその出処から考察し直してみることは、われわれ日本人にとっても大きな意義を持つはずである。といっても本書で提示されるのは、現代文明の諸問題の具体的な原因の究明や、それに対する処方箋といったものではない。逆に、そのような単一で短絡的な答えを求める思考を凌駕するものへと思考を開いていくことこそ、「脱構築」のひとつの意義なのである。

では、この「脱構築」という語から始めて、ここで本書の内容のごく簡単な解説を試みたいと思う。この本は直線的に話が進むわけではなく、「アドラシオン」という語が何度も現れてはすぐ消える変奏曲のような構成になっている。そのためナンシーの思想（あるいは哲学的思想一般）に慣れていない読者にとっては、全体像がやや摑みづらいかもしれない。そこで、入り組んでいる諸テーマのうち、ほんの幾つかのポイントに絞って、少し補助線を入れながら紹介してみることにする。ただしこれがひとつの読み方にすぎないことは言うまでもない。

キリスト教の脱構築とは、その堅固な宗教体系の中でいわば接続《ジョイント》のような役割をしている部分に一種の弛み（遊び）を与えることで、構築そのものを可能にしている源泉を探り当てたり、囲い込まれていたものを明るみに出したりしながら、その宗教形態を別のものへと変えていく可能性や潜勢力を見出す運動を意味している。そもそもキリスト教は、「神の死」という教義をその内部に抱え込むことで、宗教としての自身を解体し無神論へと向かっていくという動きを当初から有しており、その意味でキリスト教は自己脱構築すると言われるのである。

戒律としての宗教を逃れる契機のひとつとしてナンシーが本書に於いてとくに注目するのは、原初キリスト教の本質（そしてそれを可能にしたのが西洋文明というコンテキストだったのだが）にある、「この世の中で、この世の外を生きる」という構えである。「この世の外」といってもそれは、この世と違うところに存在するもうひとつ別の世界やいわゆる来世のことではなく、この世のただ中に開かれるこの世にとっての「他」（同じ尺度で測ることができないもの）という意味である。だがそれを生きるとは、単に現世を否定することではない。逆にこの世界のただ中に、この世を開く外を求めるというその生き方、世界での在り方が、開放性へと向かう運動として重視されているのである。同様に「時間の外」「生の外」「ことばの外」「意味の外」を、今この生のただ中で生きること、すなわち「今ここ」という状況を超過してしまうものを、超過としてまさに今ここで生きること、そのような無限との関わりのことをナンシーは「アドラシオン」と呼ぶのである。

「アドラシオン adoration」というフランス語は、一般的な第一義としては「崇拝」を意味する。だが本書ではこの語はまず、*ad-*「〜に向かって」という接頭辞と、*oratio*「語り」「祈り」という語が結びついた語源的な意味、つまり「外に向かってことばを送ること」という意味で理解されなければならない。そこで本訳書では、「崇拝」という漢字のイメージで語の意味を固定してしまわないように、あえて「アドラシオン」という片仮名読みをタイトルとして選ぶことにした。「アドラシオン」と関連する語で「アドレス adresse」という語も、本文中では「〜に向けて送ること」という意味で使われているが、日本人にもなじみ深いこの「アドレス（宛先）」という語との近さを頼りに、アドラシオンの「送る」「向かう」という本質的な意味合いを直観的に捉えて頂ければ、読解が少しは楽になるかもしれない。ちなみにアドラシオンの動詞形は adorer《アドレ》で、語源は勿論同じであるが、一般的には「崇拝する」そして「愛する（熱烈に、極度に、献身的に…）」という意味で用いられる。訳文の中では「アドラシオン」という語は可能な限り文脈に応じて訳し分けたが、実際は本書の思考そのものが、「アドラシオン」

という語の多義性、幾つもの意味の絶えざる送り返しとその反響によって支えられている。そのことを示す苦肉の策として、訳の中では「崇拝／差し向け／語りかけ《アドラシオン》」のように幾つもの意味を並べて提示した箇所もある。日本語として読みづらくなり申し訳ないが、どうかお許し頂きたい。

　さて、キリスト教の根底に見られたある姿勢を、ナンシーは「アドラシオン」という語と結びつけながら、それを今に生かすことを考える。しかしそのことは、信仰の表れとしての「崇拝」の態度が求められているという意味ではないし、ましてやそこでキリスト教への回帰が主張されているわけでは全くない。「アドラシオン」は、いわゆる信仰に基づく崇拝のように、神あるいはその偶像といった明確な対象や現前に向かうわけではない。アドラシオンとは概念も姿形もないものへと駆り立てられてそこに向かい、それを対象化せず開かれのまま関わろうとすることである。そしてそのような、この世界の中に「外」「他」を切り開く生き方、姿勢、経験を、まさに宗教ではないかたちで引き受けること（ここでの宗教とは、何らかの具体的な宗教形態とその戒律という意味だが）、さらには、そのような生き方が誰にとっても可能となるように配慮することが求められているのである。

　というのも、ここではない「外」、自分ではない「他」へ向かうそのような動き、無限へと向かう無限の運動とは、実存すなわち「脱‐存（脱‐自）ek-sistence」としての人間の在り方そのものなのだ。さらにナンシーはその実存の躍動を、無限の外部に関わることで自分自身と関わる力としての「欲動」と結びつける。しかもその欲動を、今度はカントに言及しつつ、「理性」の衝動とみなすのである。ナンシーに於いてキリスト教的西洋とは、関係というものを理性へと開く出発点でもあった。キリスト教の自己脱構築の運動は理性の脱閉域と連動する、あるいは宗教と哲学のさまざまな遺産は相互に脱閉域されなければならないと彼が言うのは、そのような意味に於いてである。そして「アドラシオン」とはまさに、宗教と哲学が共有／分有する身振りなのである。あるいはむしろ、両者を触れ合わせながら隔てる、接触という動作のようなものと言えるかもしれない。なぜならそれは次のような「理性の敬虔さ」（『脱閉域』一二頁）を示すのだから。「哲学者は、**哲学者として**、理性は理性自身のうちで無限に自己を超越するものを前に平伏するということを知らなければならない。哲学者はしたがって、崇拝《アドレ》する理性のみが十全に合理的で理性的なのだということを知らなければならないのだ」（本書一七五頁）。自らの無力を知る謙虚さ、自らが向かう先の非‐知が、理性をさらに遠くへと運ぶのである。

だが同時に理性はロゴスであり、アドラシオンは語りかけである。それらは外にことばを送る。ここで問題となってくるのは、ことばの原初的な機能あるいは可能性である。ことばはことばの外の「何か」に向かい、それを言うことでその「何か」を存在させる。といってもそれを対象化するのではなく、むしろそれが存在するままにする、あるいはそれが現実化するままにする laisser se réaliser のだ。「「存在するままにしておく laisser être」というそのことへ、ことばは向かう。［…］ことばはそのことを**愛している**《アドレ》」（*La Déclosion*, p.197『脱閉域』二七〇頁、訳は筆者のもの）。ことばが「ことばにとっての他」つまり「もの（現実）」とこのように関わり合うように、自己完結する存在から出て「外」を経験すること、その「外」を自由に存在させておくこと、それがアドラシオン——「adorer 極度に愛すること（極度 extrême とは「外」の最上級である）」、単なる感情ではなく思惟としての愛である。理性が、そのような関わり方へ向かおうとする自らの欲動、欲望、熱情の真価を認め損なうならば、説明や理由を与えるだけの理性は閉塞し、それによってわれわれの世界は、交換可能な名で指名し合うだけの閉じた体系となってしまうだろう。理性は理性を超過するものといかに関わることができるのか。理性として、つまり宗教に回帰することもファシズムに陥ることもなく。この西洋由来の古びた問題は、西洋文明の果てで世界が巨大なひとつの閉域と化していきそうな今、われわれが引き受けるべきあらたな問題でもある。

「哲学者として」、ナンシーもまたそのような理性の躍動に駆り立てられている。彼にとって思惟とは思惟を超過するものとの関わりに他ならず、したがって本書はそれ自体が、アドラシオンの実践とも言える。とりわけ、第Ⅳ章の最後に置かれた「遠いところ――死」という一篇は、哲学が決して単なる抽象理論ではなく、思惟と経験との接触点を探る試みであるということを、まさに「感じさせて」くれるだろう。それは、死そして死者という宛先《アドレス》がわからないところへ自らを送ること《アドレス》の可能性と不可能性をめぐる断章であるが、もともとが手紙であるだけにそれらの省察が、きわめて率直な、胸に響くことばで綴られている。私信でありながら、それは同時に「われわれ」に向けての語りかけであり、「われわれ」の深いつながり――「共に」在ること――に触れる美しいテキストである。あとは読者のみなさまの読解に委ねよう。単なる「一」ではない一人一人が、それぞれの経験や信や感受性に応じて、さまざまなことを感じ、いろいろな「外」に思いを馳せてくれればいいと願いながら、このささやかな仕事を終えることにする。

＊　＊　＊

この本の出版が実現したのはひとえに、企画を快諾して下さった新評論の山田洋さんのおかげである。編集段階でもさまざまなご配慮を頂いた。末尾ながら厚く御礼を申し上げる。

最後に、翻訳のあいだずっとサポートしてくれただけでなく、いつも「サリュ！」を送り続けてくれるジャン＝リュック・ナンシーに、心から感謝したい。そして彼の同意のもとに、この『アドラシオン』を「遠いところ le lointain」へと捧げる。

二〇一四年九月

メランベルジェ眞紀

著者紹介

ジャン＝リュック・ナンシー（Jean-Luc Nancy）
1940年生まれ。フランスの哲学者。ストラスブール・マルク・ブロック大学名誉教授。共同性と単独性の分有／共有の問題、キリスト教の脱構築、身体論、芸術論など、幅広い分野で独自の思想を繰り広げている。主著：『無為の共同体』『哲学の忘却』『自由の経験』『共同‐体』『世界の意味』『複数にして単数の存在』『侵入者』『世界の創造あるいは世界化』『フクシマの後で』などをはじめ、これまでに100冊近くの著作が出版され、邦訳も多い。本書第1巻は『脱閉域―キリスト教の脱構築1』（現代企画室、2009）。

訳者紹介

メランベルジェ　眞紀（メランベルジェ・まき）
上智大学講師。上智大学外国語学部フランス語学科卒業、東京都立大学大学院博士課程満期退学、パリ第一大学DEA取得（哲学史）。訳書：B.スティグレール『象徴の貧困―1.ハイパーインダストリアル時代』（共訳、2006）、同『現勢化―哲学という使命』（共訳、2007）、同『愛するということ―「自分」を、そして「われわれ」を』（共訳、2007）、J＝L.ナンシー『小さな講演会①　恋愛について』（2009）、B.スティグレール『小さな講演会②　向上心について―人間の大きくなりたいという欲望』（2009）、いずれも新評論刊。

アドラシオン
キリスト教的西洋の脱構築　（検印廃止）

2014年10月30日　初版第1刷発行

訳　者　メランベルジェ眞紀
発行者　武　市　一　幸

発行所　株式会社 新　評　論

〒169-0051 東京都新宿区西早稲田3-16-28
http://www.shinhyoron.co.jp
TEL 03（3202）7391
FAX 03（3202）5832
振 替 00160-1-113487

定価はカバーに表示してあります
落丁・乱丁本はお取り替えします

装 幀 山 田 英 春
印 刷 フォレスト
製 本 松 岳 社

ISBN978-4-7948-0981-0
Printed in Japan